# 中华人民共和国全国人民代表大会和地方各级人民代表大会选举法

## 注释本

法律出版社法规中心 编

法律出版社
LAW PRESS CHINA

**图书在版编目(CIP)数据**

中华人民共和国全国人民代表大会和地方各级人民代表大会选举法注释本 / 法律出版社法规中心编. -- 3版. -- 北京 : 法律出版社, 2021
(法律单行本注释本系列)
ISBN 978-7-5197-5669-7

Ⅰ. ①中… Ⅱ. ①法… Ⅲ. ①全国人民代表大会-选举法-法律解释②地方各级人民代表大会-选举法-法律解释-中国 Ⅳ. ①D921.25

中国版本图书馆CIP数据核字(2021)第106421号

**中华人民共和国全国人民代表大会和地方各级人民代表大会选举法注释本**
**ZHONGHUA RENMIN GONGHEGUO QUANGUO RENMIN DAIBIAO DAHUI HE DIFANG GEJI RENMIN DAIBIAO DAHUI XUANJUFA ZHUSHIBEN**

法律出版社法规中心 编

责任编辑 董 昱
装帧设计 李 瞻

**出版发行** 法律出版社
**编辑统筹** 法规出版分社
**责任校对** 张红蕊
**责任印制** 张建伟
**经　　销** 新华书店

**开本** 850毫米×1168毫米 1/32
**印张** 2.625 **字数** 80千
**版本** 2021年7月第3版
**印次** 2021年7月第1次印刷
**印刷** 固安华明印业有限公司

地址:北京市丰台区莲花池西里7号(100073)
网址:www.lawpress.com.cn
投稿邮箱:info@lawpress.com.cn
举报盗版邮箱:jbwq@lawpress.com.cn

销售电话:010-83938349
客服电话:010-83938350
咨询电话:010-63939796

**书号:**ISBN 978-7-5197-5669-7　　**定价:**10.00元

# 编辑出版说明

现代社会是法治社会，社会发展离不开法治护航，百姓福祉少不了法律保障。遇到问题依法解决，已经成为人们处理矛盾、解决纠纷的不二之选。然而，面对纷繁复杂的法律问题，如何精准、高效地找到法律依据，如何完整、准确地理解和运用法律，日益成为人们“学法、用法”的关键所在。

为了帮助读者快速准确地掌握“学法、用法”的本领，我社开创性地推出了“法律单行本注释本系列”丛书。本丛书自推出至今已十余年，历经多次修订完善，现已出版近百个品种，涵盖了社会生活的重要领域，已经成为广大读者学习法律、应用法律之必选图书。

本丛书具有以下特点：

**1. 出版机构权威。**成立于1954年的法律出版社，是全国首家法律专业出版机构，始终秉承“为人民传播法律”的宗旨，完整记录了中国法治建设发展的全过程，享有“社会科学类全国一级出版社”“全国百佳图书出版单位”等荣誉称号。

**2. 编写人员专业。**本丛书皆由相关法律领域内的专业人士编写，并引入匿名审稿评估制度，确保图书内容始终紧跟法治进程，反映最新立法动态，体现条文内涵。

**3. 法律文本标准。**作为专业的法律出版机构，多年来，我社始终使用全国人民代表大会常务委员会公报刊登的法律文本，积淀了丰富的标准法律文本资源，并根据立法进度及时更新相关内容。

**4. 条文注解精准。**本丛书以立法机关的解读为蓝本，对每个条文提炼出条文主旨，并对重点条文进行注释，使读者能精准掌握立法意图，轻松理解条文内容。

**5. 配套附录实用。**书末“附录”部分收录的均为重要的相关法律、法规和司法解释，使读者在使用中更为便捷，使全书更为实用。

需要说明的是，本丛书中“适用提要”“条文主旨”“条文注释”等内容皆是编者为方便读者阅读、理解而编写，不同于国家正式通过、颁布的法律文本，不具有法律效力。本丛书不足之处，恳请读者批评指正。

我们用心打磨本丛书，以期为法律相关专业的学生释法解疑，致力于助力每个公民撑起法律的保护伞。

法律出版社法规中心

2021年6月

# 《中华人民共和国全国人民代表大会和地方各级人民代表大会选举法》适用提要

《中华人民共和国全国人民代表大会和地方各级人民代表大会选举法》(以下简称《选举法》)是一部非常重要的基础性法律,与《中华人民共和国全国人民代表大会和地方各级人民代表大会代表法》、《中华人民共和国地方各级人民代表大会和地方各级人民政府组织法》以及《中华人民共和国全国人民代表大会议事规则》等,共同构成了我国人民代表大会制度的基础性法律制度体系。

现行《选举法》自1979年颁布后,分别于1982年、1986年、1995年、2004年、2010年、2015年和2020年进行了修改完善。

《选举法》的主要内容包括:

(1)关于基本原则。《选举法》确立的基本原则是公民享有平等的选举权。

(2)关于选举方式。选举方式是间接选举与直接选举相结合。

(3)关于选举机构。选举机构是2010年修改后的《选举法》新增的章名。选举委员会是组织领导县级和乡级人大代表选举的机构,在直接选举中具有十分重要的作用。2010年《选举法》进一步完善了选举的组织机构并细化其职责,对选举委员会的产生、回避、职责和工作要求等分别作出了具体规定。

(4)关于地方各级人民代表大会代表名额。《选举法》对代表名额的确定、代表名额的变动、代表名额的分配等作出了规定。

(5)关于全国人民代表大会代表名额。《选举法》对全国人民代表大会代表的产生、名额分配及少数民族应选全国人民代表大会代表等作出了规定。

(6)关于各少数民族的选举。《选举法》对少数民族聚居地方的代表名额、聚居区内的其他民族代表的选举、散居少数民族代表的选举、少数民族的单独选举或联合选举、选举文件等使用民族文字、少数民族选举的其他事项作了规定。

(7)关于选区划分。《选举法》对选区划分的大小、标准、原则等作了规定。选区可以按居住状况划分,也可以按生产单位、事业单位、工作单位划分。

(8)关于选民登记。《选举法》对选民的登记、选民名单的公布、选民资格的异议和处理等作了规定。选民登记按选区进行。对公布的选民名单有不同意见的,可以在选民名单公布之日起5日内向选举委员会提出申诉。

(9)关于代表候选人的提出。《选举法》对代表候选人的提出、差额比例、酝酿与预选、代表候选人不限于本级代表、介绍代表候选人等作了规定。代表候选人按选区或者选举单位提名产生。各政党、各人民团体、选民或者代表都可以推荐代表候选人。

(10)关于选举程序。《选举法》对投票程序、领取选票、无记名投票、委托投票、计票、监票、选举的有效、当选条件、选举结果的宣布、任职限制等作了规定。选举一律采用无记名投票的方法,选举时应当设有秘密写票处。

(11)关于对代表的监督和罢免、辞职、补选。《选举法》对代表的监督、代表的罢免、罢免要求和罢免案的提出、罢免的无记名表决、被罢免代表相关职务撤销、代表辞职、代表辞职后相关职务的终止、代表出缺的补选等作了规定。

(12)关于对破坏选举的制裁。为保障选民和代表自由行使选举权和被选举权,《选举法》列举了破坏选举的行为,并规定了相应的惩罚办法。以该法所列违法行为当选的,其当选无效。为了及时有效查处以暴力、威胁、贿赂等手段破坏选举的行为,2010年修改后的《选举法》对主持选举的机构的调查处理权及其责任予以明确。

《选举法》涉及的法律主要包括《中华人民共和国宪法》《中华人民共和国地方各级人民代表大会和地方各级人民政府组织法》《中华人民共和国全国人民代表大会和地方各级人民代表大会代表法》《中华人民共和国刑法》等。

# 目　　录

## 中华人民共和国全国人民代表大会和地方各级人民代表大会选举法

## 附　　录

# 中华人民共和国全国人民代表大会和地方各级人民代表大会选举法

（1979年7月1日第五届全国人民代表大会第二次会议通过　根据1982年12月10日第五届全国人民代表大会第五次会议《关于修改〈中华人民共和国全国人民代表大会和地方各级人民代表大会选举法〉的若干规定的决议》第一次修正　根据1986年12月2日第六届全国人民代表大会常务委员会第十八次会议《关于修改〈中华人民共和国全国人民代表大会和地方各级人民代表大会选举法〉的决定》第二次修正　根据1995年2月28日第八届全国人民代表大会常务委员会第十二次会议《关于修改〈中华人民共和国全国人民代表大会和地方各级人民代表大会选举法〉的决定》第三次修正　根据2004年10月27日第十届全国人民代表大会常务委员会第十二次会议《关于修改〈中华人民共和国全国人民代表大会和地方各级人民代表大会选举法〉的决定》第四次修正　根据2010年3月14日第十一届全国人民代表大会第三次会议《关于修改〈中华人民共和国全国人民代表大会和地方各级人民代表大会选举法〉的决定》第五次修正　根据2015年8月29日第十二届全国人民代表大会常务委员会第十六次会议《关于修改〈中华人民共和国地方各级人民代表大会和地方各级人民政府组织法〉、〈中华人民共和国全国人民代表大会和地方各级人民代表大会选举法〉、〈中华人民共和国全国人民代表大会和地方各级人民代表大会代表法〉的决定》第六次修正　根据2020年10月17日第十三届全国人民代表大会常务委员会第二十二次会议《关于修改〈中华人民共和国全国人民代表大会和地方各级人民代表大会选举法〉的决定》第七次修正）

# 第一章　总　　则

**第一条　【制定依据】**[1]根据中华人民共和国宪法，制定全国人民代表大会和地方各级人民代表大会选举法。

**条文注释**

本条是关于《选举法》制定依据的规定。

我国的选举制度是以《宪法》[2]为最高法律依据的。《宪法》作为国家的根本大法，是我们制定一切法律的基础。国家立法机关的立法活动要以《宪法》为依据。任何法律都不得违反《宪法》，不得与之相抵触。《选举法》是规定国家选举制度的基本原则和组织程序的法律，是国家的基本法律，必须依据《宪法》规定的有关选举的基本原则制定。

《宪法》作为《选举法》的制定依据，不但制约着《选举法》的制定，还制约着《选举法》的修改。

**第二条　【选举工作的基本要求】**全国人民代表大会和地方各级人民代表大会代表的选举工作，坚持中国共产党的领导，坚持充分发扬民主，坚持严格依法办事。

**条文注释**

本条是关于选举工作的基本要求的规定。

本条是在2020年修改《选举法》时新增的内容，强调了党对选举工作的领导，要求选举工作中充分发扬民主、严格依法办事。

---

① 条文主旨为编者所加，仅供参考。下同。

② 为便于阅读，书中“条文注释”及“关联法规”部分的法律法规名称省略“中华人民共和国”字样。

**第三条 【直接选举与间接选举】**全国人民代表大会的代表，省、自治区、直辖市、设区的市、自治州的人民代表大会的代表，由下一级人民代表大会选举。

不设区的市、市辖区、县、自治县、乡、民族乡、镇的人民代表大会的代表，由选民直接选举。

**条文注释**

本条是关于各级人大代表选举产生方式的规定，体现了我国直接选举和间接选举相结合的原则。

在我国，人大代表的选举产生有两种基本方式：

一种是直接选举，即人民代表大会的代表由选民在选区直接投票产生。根据《选举法》的规定，县、乡两级人大代表由选区选民直接选举产生。

另一种是间接选举，即上一级人民代表大会的代表由下一级人民代表大会的代表投票选举产生。根据《选举法》的规定，全国人大代表、省级人大代表和设区的市及自治州的市级人大代表，分别由下一级人民代表大会选举产生。

多年的实践证明，我国现阶段采取直接选举和间接选举相结合选举人大代表的方式是符合国情的。需要说明的是，我国的国家机关领导人员都是经本级人民代表大会选举产生的，也都属于间接选举，因为政权机关按照有关法律规定都是由本级人民代表大会选举产生。①

**关联法规**

《宪法》第59、97条

《地方各级人民代表大会和地方各级人民政府组织法》第5、8条

① 《我国人大代表的选举产生有几种方式?》，载中国人大网：http://www.npc.gov.cn/npc/c12674/200010/5a81cef9deed47b8b7f63b28287badab.shtml，2021年4月26日最后访问。

**第四条 【选举权和被选举权】**中华人民共和国年满十八周岁的公民，不分民族、种族、性别、职业、家庭出身、宗教信仰、教育程度、财产状况和居住期限，都有选举权和被选举权。

依照法律被剥夺政治权利的人没有选举权和被选举权。

**条文注释**

本条是关于选举权和被选举权的规定。

从广义上讲，选举权是指公民依照法律规定享有选举国家政权机关组成人员的权利。被选举权是指公民依照法律规定享有被选举为国家政权机关组成人员的权利。在我国，选举权和被选举权是公民的一项基本政治权利，它是公民参与国家管理的必要前提和有效途径。《宪法》第34条规定："中华人民共和国年满十八周岁的公民，不分民族、种族、性别、职业、家庭出身、宗教信仰、教育程度、财产状况、居住期限，都有选举权和被选举权；但是依照法律被剥夺政治权利的人除外。"

具体来说，根据《选举法》的规定，选举权是指公民可以参加选举活动，按照本人的意志投票选举人大代表的权利，即参加投票选举的权利；被选举权是指公民可以被提名为代表候选人，进而有可能被选举为人大代表，具有当选为人大代表的权利。

选举权和被选举权是公民政治权利的重要内容，根据《刑法》的规定，剥夺政治权利是剥夺下列权利：选举权和被选举权；言论、出版、集会、结社、游行、示威自由的权利；担任国家机关职务的权利；担任国有公司、企业、事业单位和人民团体领导职务的权利。因此，《选举法》明确规定依法被剥夺政治权利的人没有选举权和被选举权。

**关联法规**

《宪法》第34条

《全国人民代表大会常务委员会关于县级以下人民代表大会代表直接选举的若干规定》第3~5条

《刑法》第54~58条

**第五条 【投票权】**每一选民在一次选举中只有一个投票权。

**条文注释**

本条是关于选民在选举中投票权一律平等的规定。

选民是指具有中华人民共和国国籍、年满十八周岁、享有选举权和被选举权的公民。根据《选举法》的规定,公民经过选民登记,被列入选民名单,在规定的选举日内参加投票选举。

选民的投票权平等,概括起来有两层含义:一是每一选民在一次选举中,只能有一个投票权,不能同时参加两个或两个以上选区的投票选举;二是每一选民所投的票的效力是相同的,不能因身份、地位、民族、种族、性别、年龄的不同而有差别。也就是说,既不允许任何选民有任何特权,也不允许对任何选民有任何限制和歧视。

**第六条 【人民解放军的选举】**人民解放军单独进行选举,选举办法另订。

**条文注释**

本条是关于人民解放军单独进行选举的规定。

1981年6月,第五届全国人民代表大会常务委员会第十九次会议通过了《中国人民解放军选举全国人民代表大会和县级以上地方各级人民代表大会代表的办法》。1996年10月29日,第八届全国人民代表大会常务委员会第二十二次会议修订了该办法。2012年6月30日,第十一届全国人民代表大会常务委员会第二十七次会议修正了该办法。2021年4月29日,第十三届全国人民代表大会常务委员会第二十八次会议修正了该办法。修改后的该办法共8章40条,对人民解放军军人和参加军队选举的其他人员选举全国人民代表大会和县级以上地方各级人民代表大会代表的范围、方式、程序以及罢免代表的程序和方式分别作出了规定。并明确武警部队选举工作适用该办法。

关于参加军队选举的人员范围，该办法规定："人民解放军军人、文职人员，军队管理的离休、退休人员和其他人员，参加军队选举。驻军的驻地距离当地居民的居住地较远，随军家属参加地方选举有困难的，经选举委员会或者军人委员会批准，可以参加军队选举。""驻地方工厂、铁路、水运、科研等单位的军代表，在地方院校学习的军队人员，可以参加地方选举。"

关于军队代表名额。《选举法》和该办法没有对人民解放军出席地方各级人民代表大会代表名额作出明确、具体的规定。根据该办法第14条的规定，实际的做法是，地方各级人民代表大会中应选解放军代表的名额由各驻军所在地的省、自治区、直辖市、设区的市和县级人民代表大会常务委员会作出决定。

**关联法规**

《中国人民解放军选举全国人民代表大会和县级以上地方各级人民代表大会代表的办法》

**第七条　【选举代表的广泛性】**全国人民代表大会和地方各级人民代表大会的代表应当具有广泛的代表性，应当有适当数量的基层代表，特别是工人、农民和知识分子代表；应当有适当数量的妇女代表，并逐步提高妇女代表的比例。

全国人民代表大会和归侨人数较多地区的地方人民代表大会，应当有适当名额的归侨代表。

旅居国外的中华人民共和国公民在县级以下人民代表大会代表选举期间在国内的，可以参加原籍地或者出国前居住地的选举。

**条文注释**

本条要求代表应当具有广泛代表性。

人民代表大会代表结构应当具有广泛性，这样才能加强代表和选民之间的联系，保证代表能够充分反映人民群众的意愿。为保障人民代表大会代表具有广泛的代表性,《选举法》于2010年修改时,在原有的保障妇女代表比例的规定基础上,增加了人民代表大会代表应当有适当数量基层代表的规定。

所谓基层的工人、农民和知识分子代表,主要指在一线从事工农业生产的工人、农民,以及在一线从事教学、科研等工作的知识分子,如在工厂车间从事生产的工人,直接从事种植业、畜牧业生产的农民,工作在教学、科研、医疗第一线的教师、科研人员、医生等。

为进一步解决人民代表大会代表选举中妇女代表偏少的问题,本条规定全国和地方各级人民代表大会代表中,都要有适当数量的妇女代表,并随着政治、经济、文化的不断发展和妇女参政、履职能力的提高,使各级人民代表大会代表中的妇女代表比例逐步提高。

**关联法规**

《宪法》第48、50条

《妇女权益保障法》第11条

《归侨侨眷权益保护法》第6条

**第八条 【选举经费】全国人民代表大会和地方各级人民代表大会的选举经费,列入财政预算,由国库开支。**

**条文注释**

本条是对选举经费的规定。

我国1953年《选举法》规定,全国和地方各级人民代表大会代表的选举经费,由国库开支,这一规定一直沿用。2010年修改《选举法》时,为了更好地保证选举经费的落实,根据一些人民代表大会代表、地方和部门的建议,增加了关于将选举经费列入财政预算的规定。根据《预算法》的规定,国家实行一级政府一级预算。县级以上各级预算必须设立国库;具备条件的乡、民族乡、镇也应当设立国库。因此,原则上说,选举哪一级人民代表大会代表,就应当由哪一级国库开支。但由于我国经济发展水平不平衡,各地的财力状况不同,县、乡的财力,特别是乡一级的财力有限。因此,中央财政、地方财政应当对县、乡直接选举给予支持和帮助。

本条规定，不仅为广大选民和代表行使选举权和被选举权提供了物质保障，也为切实依法实行公平、公正的选举，提供了制度保障。

# 第二章 选举机构

**第九条 【主持选举机构】**全国人民代表大会常务委员会主持全国人民代表大会代表的选举。省、自治区、直辖市、设区的市、自治州的人民代表大会常务委员会主持本级人民代表大会代表的选举。

不设区的市、市辖区、县、自治县、乡、民族乡、镇设立选举委员会，主持本级人民代表大会代表的选举。不设区的市、市辖区、县、自治县的选举委员会受本级人民代表大会常务委员会的领导。乡、民族乡、镇的选举委员会受不设区的市、市辖区、县、自治县的人民代表大会常务委员会的领导。

省、自治区、直辖市、设区的市、自治州的人民代表大会常务委员会指导本行政区域内县级以下人民代表大会代表的选举工作。

**条文注释**

本条是关于选举的组织和领导机关的规定。

选举工作的过程包括选举的时间安排、选区划分、选民登记、代表候选人提名、投票、计票、确定当选代表等。确定和设立必要的组织机构，对于指导和组织选民以及代表进行各级人大代表选举具有十分重要的意义。

本条第1款规定的是间接选举产生的各级人大代表选举工作，由该级人大常委会主持，主要包括确定选举时间、决定分配代表名额、处理选举中的重大问题等有关事宜。

本条第2款规定县级和乡级人大代表的选举，由本级选举委员会主持。选举委员会是组织办理本级人大代表选举工作的机构,由本行政区域内有关方面的人士组成。其组成人员由县级人大常委会任命,主要包括县人大常委会或者乡(镇)人大主席、副主席,党政部门的负责人,党委组织部门的负责人。选举委员会一般还要设立选举办事机构,办理有关选举的具体事务。

本条第3款明确规定,省一级、设区的市、自治州的人大常委会指导本行政区域内县级以下人大代表的选举工作。这有利于确保县、乡两级人大代表的选举质量,保障公民基本权利的正常行使,保证同一行政区域内的选举工作协调一致进行。

**关联法规**

《宪法》第59条

《地方各级人民代表大会和地方各级人民政府组织法》第44条

《全国人民代表大会常务委员会关于县级以下人民代表大会代表直接选举的若干规定》第1、2条

**第十条 【选举委员会成员的任命】**不设区的市、市辖区、县、自治县的选举委员会的组成人员由本级人民代表大会常务委员会任命。乡、民族乡、镇的选举委员会的组成人员由不设区的市、市辖区、县、自治县的人民代表大会常务委员会任命。

选举委员会的组成人员为代表候选人的,应当辞去选举委员会的职务。

**条文注释**

本条规定的是选举委员会成员的任命。

选举委员会是县、乡选举工作的主持者和组织者,其在选举工作中负有十分重要的职责,如分配代表名额、审查与公布选民名单、处理对选民名单的申诉、确定和公布正式代表候选人名单、确定选举是否有效等,选举委员会对于选举工作的正常组织和开展都发挥着十分重要的作用。

选举委员会的一些组成人员,本身就是相关部门的领导,如果

其又恰好是代表候选人，这样难免存在身份的交叉重合问题。为避免身份的重合与冲突，选举委员会的组成人员为代表候选人的，不宜再继续担任选举委员会的职务，应当辞去选举委员会的职务，以保证选举的公正公平。

**第十一条　【选举委员会的职责】**选举委员会履行下列职责：

（一）划分选举本级人民代表大会代表的选区，分配各选区应选代表的名额；

（二）进行选民登记，审查选民资格，公布选民名单；受理对于选民名单不同意见的申诉，并作出决定；

（三）确定选举日期；

（四）了解核实并组织介绍代表候选人的情况；根据较多数选民的意见，确定和公布正式代表候选人名单；

（五）主持投票选举；

（六）确定选举结果是否有效，公布当选代表名单；

（七）法律规定的其他职责。

选举委员会应当及时公布选举信息。

**条文注释**

本条规定了选举委员会的职责。

选举委员会是组织领导县级和乡级人民代表大会代表选举的机构，在直接选举中具有十分重要的作用。为进一步完善选举的组织机构及其职责要求，2010年修改《选举法》时增加该条，专门对选举委员会的职责及工作要求作出规定。选举委员会的职责主要可以划分为三个阶段的工作。

（1）选举准备阶段。该阶段的工作主要包括：①划分选区，分配各选区应选代表名额。选区可以按居住状况划分，也可以按生产单位、事业单位、工作单位划分。选区的大小，按照每一选区选1～3名代表划分。②进行选民登记，审查选民资格，公布选民名单；受理对于选民名单不同意见的申诉,并作出决定。审查后,将符合选民资格的选民列入选民名单,并在选举日的20日以前公布选民名单。如果公民对选民名单有不同意见,可以在选民名单公布之日起5日内向选举委员会提出申诉。选举委员会对申诉意见,应在3日内作出处理决定。申诉人如果对选举委员会的处理决定不服,可以在选举日的5日以前向人民法院起诉。③确定选举日期。选举日期事关重大:一是涉及选民是否符合法定年龄的计算;二是涉及选民名单、第一轮提名推荐的代表候选人基本情况以及正式候选人名单及其基本情况的公布期限;三是涉及公民对选民名单不服的申诉、人民法院判决等一系列时间问题。因此,选举日期一经确定,一般不能轻易变动。

(2)了解核实代表候选人情况,确定正式代表候选人阶段。接受推荐的代表候选人应当向选举委员会如实提供个人身份、简历等基本情况,选举委员会经过了解核实,如发现代表候选人提供的个人情况不实,应当向选民通报。

(3)投票选举阶段。选举委员会通过设立投票站、召开选举大会或者使用流动票箱等方式组织选民投票。投票选举结束后,选举委员会应当根据本法规定的程序,确定选举结果是否有效,并公布当选代表的名单。

此外,选举委员会还要履行以下几项职责:第一,接受推荐的代表候选人应当向选举委员会或者大会主席团如实提供个人身份、简历等基本情况。经审查认为提供的基本情况不实的,应当向选民通报。第二,选举委员会根据选民的要求,应当组织代表候选人与选民见面,由代表候选人介绍本人的情况,回答选民的问题。第三,选举委员会应当根据各选区选民分布状况,按照方便选民投票的原则设立投票站,并决定是否召开选举大会或者使用流动票箱。第四,选举委员会发现有破坏选举的行为或者收到对破坏选举行为的举报,应当及时依法调查处理;需要追究法律责任的,及时移送有关机关予以处理。

为加强对选举委员会履行职责的监督,保证选举组织工作的公开透明，选举委员会应当及时公布选举信息，包括本法规定的选举委员会应当公布的各种与选举有关的信息，如选民名单、选举日期、代表候选人名单、当选代表名单等。

**关联法规**

《选举法》第6~9章

## 第三章 地方各级人民代表大会代表名额

**第十二条 【代表名额】**地方各级人民代表大会的代表名额，按照下列规定确定：

（一）省、自治区、直辖市的代表名额基数为三百五十名，省、自治区每十五万人可以增加一名代表，直辖市每二万五千人可以增加一名代表；但是，代表总名额不得超过一千名；

（二）设区的市、自治州的代表名额基数为二百四十名，每二万五千人可以增加一名代表；人口超过一千万的，代表总名额不得超过六百五十名；

（三）不设区的市、市辖区、县、自治县的代表名额基数为一百四十名，每五千人可以增加一名代表；人口超过一百五十五万的，代表总名额不得超过四百五十名；人口不足五万的，代表总名额可以少于一百四十名；

（四）乡、民族乡、镇的代表名额基数为四十五名，每一千五百人可以增加一名代表；但是，代表总名额不得超过一百六十名；人口不足二千的，代表总名额可以少于四十五名。

按照前款规定的地方各级人民代表大会的代表名额基数与按人口数增加的代表数相加，即为地方各级人民代表大会的代表总名额。

自治区、聚居的少数民族多的省,经全国人民代表大会常务委员会决定,代表名额可以另加百分之五。聚居的少数民族多或者人口居住分散的县、自治县、乡、民族乡,经省、自治区、直辖市的人民代表大会常务委员会决定,代表名额可以另加百分之五。

**条文注释**

本条是关于地方各级人民代表大会代表名额如何确定的规定。

代表名额的确定是分配代表名额的前提,在直接选举中,它还是划分选区的根据。代表名额的确定属于选举的基础性工作和重要环节,必须依据《选举法》所规定的原则和程序进行。

地方各级人民代表大会代表名额的确定原则是"基数加人口数",并且不得超过《选举法》所规定的上限。确定代表名额的基数是为了保证各民族、各地区、各方面都有适当数量的代表,体现了《选举法》的平等原则。同时,考虑到有的地方人口较多,不能无限制地按人口数增加代表名额,否则不利于召开会议、讨论问题和解决问题,因此规定了代表名额的上限。《选举法》明确规定代表名额的确定办法,有利于选举工作的实施和选举制度的规范化。

近年来,大量乡镇改设街道、撤乡并镇,其中改设街道的情况更多一些。乡镇是我国一级基层政权,乡镇一级设人大;但是街道作为县级人民政府派出机构,不是一级政权,乡镇改设为街道之后就不设人大了。原来选出的乡镇人大代表,一般是在街道人大代表联络站继续发挥作用,但是根据现行有关法律制度规定,到换届的时候其也就不再担任代表职务了。由于乡镇人大代表数量减少,我国五级人大代表总数从1997年的312.5万名减少到2017年的262.32万名,总共减少了50.18万名,降幅约16%,且呈现逐届减少的趋势。总体而言,我国人口数量是增加的。在人口数量增加的情况下,人大代表数量应该适当增加。再者,我国经济社会发展很快,各个领域都在不断发展完善,人大代表数量却在下降,这是与形势不相适应的。党的十九届四中全会通过的决定提出"适当增加基层人大代表数量”。因此,2020年修改的《选举法》把县乡人大代表名额基数加大;同时,由于县乡行政区域的人口数量增加,因此按人口确定的代表数相应地也会增加。

同时,《选举法》还规定:(1)人口不足5万的不设区的市、市辖区、县、自治县,代表总名额可以少于140名;(2)人口不足2000的乡、民族乡、镇的代表总名额可以少于45名。这是考虑到全国各地情况有所不同,对人口少的地方的代表名额作出的特殊规定。

**关联法规**

《宪法》第97条

《地方各级人民代表大会和地方各级人民政府组织法》第5条

**第十三条 【具体名额确定程序】**省、自治区、直辖市的人民代表大会代表的具体名额,由全国人民代表大会常务委员会依照本法确定。设区的市、自治州和县级的人民代表大会代表的具体名额,由省、自治区、直辖市的人民代表大会常务委员会依照本法确定,报全国人民代表大会常务委员会备案。乡级的人民代表大会代表的具体名额,由县级的人民代表大会常务委员会依照本法确定,报上一级人民代表大会常务委员会备案。

**条文注释**

本条是关于地方各级人大代表具体名额确定程序的规定。

选举名额由上一级人大常委会确定的规定,便于严格统一地贯彻执行《选举法》关于代表名额的规定,避免了自行确定名额可能引起的标准不统一问题。上一级人大对下一级人大的情况比较了解,便于根据法律、结合实际情况确定适当的代表名额。为加强对代表名额确定的监督,县级、省级人大常委会确定代表名额后,要报上一级人大常委会备案;上一级人大常委会如发现问题,有权予以纠正。

**关联法规**

《民族区域自治法》第16条

**第十四条　【名额固定】**地方各级人民代表大会的代表总名额经确定后，不再变动。如果由于行政区划变动或者由于重大工程建设等原因造成人口较大变动的，该级人民代表大会的代表总名额依照本法的规定重新确定。

依照前款规定重新确定代表名额的，省、自治区、直辖市的人民代表大会常务委员会应当在三十日内将重新确定代表名额的情况报全国人民代表大会常务委员会备案。

**条文注释**

本条是关于地方各级人大代表名额一经确定就不再变动的规定。

地方各级人大代表的总名额，由各级人大代表名额的确定机关确定后，不再变动。也就是说，这个确定了的代表总名额，不只对一次换届选举有效，各届人大都要按照这个名额执行，不再变动。当地人口自然增长或减少，不影响代表总名额。这样的规定是为了保证法律的严肃性，也是人大工作规范化的要求。

对于特殊情况，本条也作出了特别规定，即由于行政区划变动或者由于重大工程建设等原因造成人口较大变动的，该级人大代表总名额按照本法重新确定，如地市合并、乡镇合并（管辖范围增加了，人口也有大幅增加）等情况。重新确定代表名额的情况，应当报全国人民代表大会常务委员会备案。但是，有的行政区划名称发生变化，如市改区、县改市这类面积和人口都没有变化的情况，代表名额就不能重新确定。

**第十五条　【名额分配】**地方各级人民代表大会代表名额，由本级人民代表大会常务委员会或者本级选举委员会根据本行政区域所辖的下一级各行政区域或者各选区的人口数，按照每一代表所代表的城乡人口数相同的原则，以及保证各地区、各民族、各方面都有适当数量代表的要求进行分配。在县、自治县的人民代表大会中，人口特少的乡、民族乡、镇，至少应有代表一人。

地方各级人民代表大会代表名额的分配办法，由省、自治区、直辖市人民代表大会常务委员会参照全国人民代表大会代表名额分配的办法，结合本地区的具体情况规定。

**条文注释**

本条是关于地方各级人大代表名额分配的规定。

代表名额的分配，是指根据《选举法》所规定的权限和原则，将人民代表大会代表的名额分配到各个选区。代表名额的分配要依据《选举法》的有关规定进行，以保证人民代表大会代表的广泛性和调动各方面的积极性。

《选举法》于2010年修改时，改变了按人口数分配代表名额时区分城乡的做法，实行城乡按相同人口比例选举人民代表大会代表。地方各级人民代表大会代表名额要按照人人平等、地区平等和民族平等的原则进行分配。

地方各级人民代表大会代表名额的分配体现了三个原则：一是保障公民都享有平等的选举权，实行城乡按相同人口比例选举代表，体现人人平等的原则。二是保障各地区在国家权力机关有平等的参与权，各行政区域不论人口多少，都能选举一定数量的代表，体现地区平等的原则。三是保障各民族都有适当数量的代表，人口再少的民族，也要有1名代表，体现民族平等的原则。此外，各方面代表性人物比较集中的地方，也应给予适当的照顾。

# 第四章　全国人民代表大会代表名额

**第十六条　【全国人大代表的产生】** 全国人民代表大会的代表，由省、自治区、直辖市的人民代表大会和人民解放军选举产生。

全国人民代表大会代表的名额不超过三千人。

香港特别行政区、澳门特别行政区应选全国人民代表大会代表的名额和代表产生办法，由全国人民代表大会另行规定。

**条文注释**

本条是关于全国人民代表大会代表产生单位、总名额及香港特别行政区、澳门特别行政区应选全国人大代表名额及代表产生办法的规定。

全国人民代表大会由省、自治区、直辖市的人民代表大会和人民解放军选举产生。即全国人民代表大会代表产生单位有：23个省（包括台湾省）、5个自治区和4个直辖市、香港特别行政区和澳门特别行政区、人民解放军。除台湾省外，其他省、自治区、直辖市代表，由本级人民代表大会选举产生。台湾省应选全国人民代表大会代表由各省、自治区、直辖市和中央国家机关、中国人民解放军中的台湾省籍同胞组成的协商选举会议选举产生。中国人民解放军出席全国人民代表大会代表，按照《中国人民解放军选举全国人民代表大会和县级以上地方各级人民代表大会代表的办法》的规定由军人代表大会选举产生。

《香港特别行政区基本法》和《澳门特别行政区基本法》分别规定：香港特别行政区、澳门特别行政区居民中的中国公民依法参与国家事务的管理。根据全国人民代表大会确定的名额和代表产生办法，由香港特别行政区、澳门特别行政区居民中的中国公民在香港、澳门选出香港特别行政区、澳门特别行政区的全国人民代表大会代表,参加最高国家权力机关工作。

**关联法规**

《宪法》第59条

《第十二届全国人民代表大会第五次会议关于第十三届全国人民代表大会代表名额和选举问题的决定》

《香港特别行政区选举第十三届全国人民代表大会代表的办法》第1~4条

《澳门特别行政区选举第十三届全国人民代表大会代表的办法》第1~4条

**第十七条 【名额分配】**全国人民代表大会代表名额,由全国人民代表大会常务委员会根据各省、自治区、直辖市的人口数,按照每一代表所代表的城乡人口数相同的原则,以及保证各地区、各民族、各方面都有适当数量代表的要求进行分配。

省、自治区、直辖市应选全国人民代表大会代表名额,由根据人口数计算确定的名额数、相同的地区基本名额数和其他应选名额数构成。

全国人民代表大会代表名额的具体分配,由全国人民代表大会常务委员会决定。

**条文注释**

本条是关于全国人民代表大会代表名额分配的规定。

全国人民代表大会代表名额的分配体现了三个原则:一是实行城乡按相同人口比例选举人民代表大会代表,改变了按人口数分配代表名额时区分城乡的做法,体现了人人平等的原则。二是保障各地区在国家权力机关有平等的参与权,各行政区域不论人口多少,都能选举一定数量的代表,体现了地区平等的原则。三是保障各民族都有适当数量代表,体现了民族平等。

省、自治区、直辖市应选全国人民代表大会代表名额,由根据人口数计算确定的名额数、相同的地区基本名额数和其他应选名额数构成。这里的其他应选名额数,既包括少数民族代表,也包括中央下派代表等。

《选举法》没有规定全国人民代表大会代表名额的具体分配办法,而是规定由全国人民代表大会常务委员会决定。全国人民代表大会常务委员会在下届全国人民代表大会召开之前,提出下届全国人民代表大会代表名额和选举问题的决定草案,在该草案中规定全国人民代表大会代表的总名额和分配给各选举单位的具体名额,并提请本届全国人民代表大会最后一次会议审议通过。决议通过后,全国人民代表大会常务委员会再就特殊的代表名额的分配,如少数民族代表的具体名额分配办法等,作出具体的规定。

**第十八条 【少数民族代表名额的分配办法】**全国少数民族应选全国人民代表大会代表,由全国人民代表大会常务委员会参照各少数民族的人口数和分布等情况,分配给各省、自治区、直辖市的人民代表大会选出。人口特少的民族,至少应有代表一人。

**条文注释**

本条是关于少数民族代表名额分配办法的规定。

民族平等是《宪法》确立并坚持的原则。我国除汉族外,有55个少数民族。《宪法》规定,中华人民共和国各民族一律平等。国家保障各少数民族的合法的权利和利益,维护和发展各民族的平等团结互助和谐关系。

在选举上坚持民族平等,就是要保障各少数民族人民都有平等的选举权,要有相应数量的代表参加各级人民代表大会。我国少数民族的人口数在全国总人口数中所占比例较低,约为8.89%①。保障各少数民族能选出一定数量的人民代表大会代表,就不能“一刀切”地要求少数民族每一代表所代表的人口数都是相同的,而应参照各少数民族的人口数和分布情况决定代表名额。且人口特少的民族,至少应有全国人民代表大会代表1人。

---

① 数据来源:2021年5月11日发布的《第七次全国人口普查公报(第二号)》。

**关联法规**

《宪法》第4、59条

## 第五章　各少数民族的选举

**第十九条　【少数民族聚居地方的代表名额分配】**有少数民族聚居的地方，每一聚居的少数民族都应有代表参加当地的人民代表大会。

聚居境内同一少数民族的总人口数占境内总人口数百分之三十以上的，每一代表所代表的人口数应相当于当地人民代表大会每一代表所代表的人口数。

聚居境内同一少数民族的总人口数不足境内总人口数百分之十五的，每一代表所代表的人口数可以适当少于当地人民代表大会每一代表所代表的人口数，但不得少于二分之一；实行区域自治的民族人口特少的自治县，经省、自治区的人民代表大会常务委员会决定，可以少于二分之一。人口特少的其他聚居民族，至少应有代表一人。

聚居境内同一少数民族的总人口数占境内总人口数百分之十五以上、不足百分之三十的，每一代表所代表的人口数，可以适当少于当地人民代表大会每一代表所代表的人口数，但分配给该少数民族的应选代表名额不得超过代表总名额的百分之三十。

**条文注释**

本条是关于在少数民族聚居的地方，聚居的少数民族选举出席地方各级人民代表大会代表的规定。

所谓聚居，是指某一少数民族在一个行政区域内人口较多，而且居住又比较集中的情况。根据本条第1款的规定，在有少数民族聚居的地方，每一聚居的少数民族，不论其人口多少，都应有代表参加当地的人民代表大会。我国少数民族种类较多，分布情况各异。

有的省、市少数民族从总体看有一定数量，但分散在各个县、区，没有形成集中居住，不能被视为聚居。

**关联法规**

《民族区域自治法》第16条

**第二十条　【聚居区内其他民族代表的选举】**自治区、自治州、自治县和有少数民族聚居的乡、民族乡、镇的人民代表大会，对于聚居在境内的其他少数民族和汉族代表的选举，适用本法第十九条的规定。

**关联法规**

《宪法》第113条

**第二十一条　【散居少数民族代表的选举】**散居的少数民族应选当地人民代表大会的代表，每一代表所代表的人口数可以少于当地人民代表大会每一代表所代表的人口数。

自治区、自治州、自治县和有少数民族聚居的乡、民族乡、镇的人民代表大会，对于散居的其他少数民族和汉族代表的选举，适用前款的规定。

**条文注释**

本条是关于散居的少数民族选举出席当地人民代表大会代表的规定。

散居是相对于聚居而言的，指人口居住比较分散，不能连成一片。和聚居一样，散居也是相对的，并且有一定人口数量的要求，必须在某一行政区域内有一定的比例。该规定是为了照顾散居的少数民族，确保其有自己的代表出席当地的人民代表大会。但是考虑各地方的少数民族居住情况不一，比较复杂，具体的每一代表所代表的人口数的比例法律没有规定，故由当地人民代表大会根据当地散居的少数民族的人口数和分布情况确定。

民族区域自治地方和有少数民族聚居的乡、民族乡、镇的人民代表大会，对于散居在境内的其他少数民族和汉族应选出席当地人民代表大会的代表，每一代表所代表的人口数可以少于当地人民代表大会每一代表所代表的人口数。这就可以有效地保证散居的少数民族和汉族在当地人民代表大会中都能有适当比例的代表。

**第二十二条 【少数民族的单独选举或联合选举】**有少数民族聚居的不设区的市、市辖区、县、乡、民族乡、镇的人民代表大会代表的产生，按照当地的民族关系和居住状况，各少数民族选民可以单独选举或者联合选举。

自治县和有少数民族聚居的乡、民族乡、镇的人民代表大会，对于居住在境内的其他少数民族和汉族代表的选举办法，适用前款的规定。

**条文注释**

本条是关于聚居少数民族直接选举县、乡两级人大代表办法的规定。

该规定与《选举法》所规定的一般按居住状况、生产单位、事业单位、工作单位来划分选区不同，是针对聚居的少数民族的直接选举的特别规定。

单独选举是指聚居的该少数民族单独划分选区选举。联合选举是指聚居的该少数民族和其他的少数民族联合组成选区进行选举。在确定单独选举还是联合选举时，应当综合考虑当地的民族关系和民族特点，从当地各民族相处的状况、各民族之间的感情、民族语言的特点以及风俗习惯出发，合理地划分选区。

一般来说，只要具备一定的条件，应尽量单独划分选区选举，以便于按照分配的名额选举出少数民族代表，并有利于加强少数民族代表和少数民族的联系，使少数民族群众的意见得到及时的反映。

应当注意的是，居住在自治县和有少数民族聚居的乡、民族乡、镇境内的其他少数民族和汉族选举当地人民代表大会代表，也适用上述规定。

**第二十三条　【使用少数民族文字】**自治区、自治州、自治县制定或者公布的选举文件、选民名单、选民证、代表候选人名单、代表当选证书和选举委员会的印章等，都应当同时使用当地通用的民族文字。

**条文注释**

本条是关于在民族自治地方进行选举要使用当地通用的民族文字的规定。

依据《选举法》的规定，自治区、自治州、自治县制定或者公布的选举文件、选民名单、选民证、代表候选人名单、代表当选证书和选举委员会的印章等在使用汉语语言文字的同时，使用当地通用的民族文字。解决选举纠纷包括在选举诉讼过程中，也应根据实际需要，同时使用当地通用的民族文字。民族自治地方选举要同时使用当地通用的民族文字，是民族平等原则的体现，有利于民族自治地区的选民行使自己的民主权利。

**关联法规**

《民族区域自治法》第10、47条

**第二十四条　【其他事项的参照办理】**少数民族选举的其他事项，参照本法有关各条的规定办理。

**条文注释**

本条是关于办理少数民族选举的其他事项的规定。

少数民族的选举还涉及本法第5章所未规定的问题，如选民登记，代表候选人的提出，选举程序，对代表的监督、罢免和补选，对破坏选举的制裁等。这些都是少数民族选举所不可缺少的环节。

因此，在少数民族的选举中，对于第5章未作出规定的少数民族选举事项，应当参考《选举法》其他各章的规定办理。“参照”是指参考并依照。对于少数民族选举中的具体问题，民族自治地方可以依据本地的实际情况，作出一些变通的规定，如在少数民族候选人的选票上标明其民族。但是这些变通的规定不能与《选举法》的原则性规定相违背，如每一选民在一次选举中只有一个投票权，实行无记名投票原则等。

## 第六章　选区划分

**第二十五条　【选区划分的方法】**不设区的市、市辖区、县、自治县、乡、民族乡、镇的人民代表大会的代表名额分配到选区，按选区进行选举。选区可以按居住状况划分，也可以按生产单位、事业单位、工作单位划分。

选区的大小，按照每一选区选一名至三名代表划分。

**条文注释**

本条是对直接选举中选区划分方法的规定。

选区是直接选举中选民选举国家权力机关的代表时划分的区域，是组织选举、开展选举活动的基本单位，同时也是当选者的主要活动区域。选区的划分，关键在于通过合理划分选区使选举产生的代表更具广泛的代表性，能尽可能地反映各方面的利益。因此，选区划分是选举中首要的一个环节。

我国的选区可以按居住状况划分，也可以按生产单位、事业单位、工作单位划分。目前在实践中，农村按居住状况划分选区的比较多，城市按工作单位划分选区的比较多。按工作单位划分选区有困难的，如区域内有较多退休居民、尚未就业人员，所属单位规模较小等，再按居住状况划分。每个享有选举权的公民只能在一个选区进行选民登记。

本条第2款规定的原因是，在直接选举中，按地域来划分选区选举人大代表，目的是使选出的代表能够反映选民的意愿，代表选民行使国家权力。选区划分比较小，便于选民了解候选人和参加选举活动，便于进行选举的组织工作，也便于选民对当选代表依法进行监督，对于代表来说则便于其听取选民意见和对选民负责。

**关联法规**

《全国人民代表大会常务委员会关于县级以下人民代表大会代表直接选举的若干规定》第6~8条

**第二十六条 【代表所代表的人口数大致相同原则】**本行政区域内各选区每一代表所代表的人口数应当大体相等。

**条文注释**

本条是关于各选区代表人数应如何确定的规定。

“本行政区域内各选区”，是指县、乡一级所辖的行政区域内，直接选举县、乡人民代表大会代表时所划分的各选区。“每一代表所代表的人口数”，是指每多少人选出一名代表，通过各选区的人口数除以该选区的应选代表名额数得出。“大体相等”，是指每一代表所代表的“人口数大体相等”，而不是选民数大体相等。

2010年修改后的《选举法》，实行城乡按相同人口比例选举人民代表大会代表，相应地对2004年《选举法》中城乡每一代表所代表的人口数比例范围为4∶1至1∶1的规定进行了修改，以体现选举权的人人平等原则。城乡选举权逐步迈向更高层次的平等，这既是我国城市化进程、城乡统筹的现实需要，也是发展社会主义民主政治的必然要求。

# 第七章 选民登记

**第二十七条 【选民的登记】**选民登记按选区进行，经登记确认的选民资格长期有效。每次选举前对上次选民登记以后新满十八周岁的、被剥夺政治权利期满后恢复政治权利的选民，予以登记。对选民经登记后迁出原选区的，列入新迁入的选区的选民名单；对死亡的和依照法律被剥夺政治权利的人，从选民名单上除名。

精神病患者不能行使选举权利的，经选举委员会确认，不列入选民名单。

**条文注释**

本条是关于选民登记的规定。

选民登记是选举机构依法对公民选举资格进行确认的程序。只有直接选举才有选民登记，间接选举没有这个问题。选民登记按选区进行。按《选举法》的规定，每个选民一般只登记一次，经登记确认的选民资格长期有效。

选民登记是确认选民资格的必经法律程序，大致可分为本人登记与非本人登记。本人登记是指每个选区内都设有选民登记部门，在选举前的公告时间内，接受选民亲自登记。非本人登记是指由选民登记机关采取主动收集信息、逐户查访核实等方式，将符合条件的选民编入名册。我国目前采用选民主动登记和选举机关主动登记并举的做法，尽量避免错登、漏登和重登，并简化选民登记手续，规定一次登记后长期有效。

此外，选民在选举期间临时在外地劳动、工作或者居住，不能回原选区参加选举的，经原居住地的选举委员会认可，可以书面委托有选举权的亲戚或者其他选民在原选区代为投票。外地婚入者、持有户口迁移证的待入户、上级机关派出单位的人员、现居住地出生因故还没有入户的，一般在居住地办理选民登记；外出劳动、工作的，一般在户口所在地登记；选民实际上已经迁居外地但没有转出户口的，在取得原选区选民资格的证明后，可以在现居住地的选区参加选举。

**关联法规**

《全国人民代表大会常务委员会关于县级以下人民代表大会代表直接选举的若干规定》第3、4、9条

《刑法》第54~58条

**第二十八条 【选民名单的公布】**选民名单应在选举日的二十日以前公布,实行凭选民证参加投票选举的,并应当发给选民证。

**条文注释**

本条是对公布选民名单和发放选民证的规定。

提前公布选民名单对于选举工作而言具有重要意义。一是本选区内谁有选民资格,谁没有选民资格,通过选民名单可以得到公开确认;二是使选民有充分的时间酝酿、讨论代表候选人;三是被提名的代表候选人有时间向选民介绍自己;四是便于处理对选民名单的不同意见。

选民名单的公布一般采用张榜公布的方式,应注意以下几点:(1)严格按照《选举法》的规定,选民名单应在选举日的20日以前公布。(2)选民名单要字迹工整清晰,公布要醒目,便于选民阅看。(3)选民名单公布后,要及时组织选民阅看、核对,如发现错登、漏登、重登,要及时按照法律程序进行纠正,然后再张榜公布。(4)在选举日前,对选民名单要进行一次清理,如有迁入、迁出、死亡等,应予以补登或除名。如因特殊情况原定选举日须推迟,对推迟期间所增加的18周岁选民以及其他变动情况,应注意及时处理。(5)民族自治地区公布选民名单时,还应当注意同时使用当地通用的民族文字。

**第二十九条 【对选民资格的异议和处理】**对于公布的选民名单有不同意见的,可以在选民名单公布之日起五日内向选举委员会提出申诉。选举委员会对申诉意见,应在三日内作出处理决定。申诉人如果对处理决定不服,可以在选举日的五日以前向人民法院起诉,人民法院应在选举日以前作出判决。人民法院的判决为最后决定。

**条文注释**

本条是关于对选民名单有不同意见的处理的规定。

选民名单如果出现错误,很可能导致本来享有选举权的公民无法行使选举权。为此,对公民异议的救济方式的设定是极为必要的。《选举法》针对对公布的选民名单有不同意见的人,规定了救济办法:(1)向选举委员会提出申诉;(2)如果对申诉处理决定不服,可以向人民法院起诉。选民名单案件采取的是申诉前置,而不是直接向人民法院起诉,且规定了人民法院的判决为最后决定。

**关联法规**

《民事诉讼法》第178、181、182条

# 第八章 代表候选人的提出

**第三十条 【代表候选人的提出】**全国和地方各级人民代表大会的代表候选人,按选区或者选举单位提名产生。

各政党、各人民团体,可以联合或者单独推荐代表候选人。选民或者代表,十人以上联名,也可以推荐代表候选人。推荐者应向选举委员会或者大会主席团介绍代表候选人的情况。接受推荐的代表候选人应当向选举委员会或者大会主席团如实提供个人身份、简历等基本情况。提供的基本情况不实的,选举委员会或者大会主席团应当向选民或者代表通报。

各政党、各人民团体联合或者单独推荐的代表候选人的人数,每一选民或者代表参加联名推荐的代表候选人的人数,均不得超过本选区或者选举单位应选代表的名额。

**条文注释**

本条是对代表候选人提出的规定。

代表候选人,是指投票选举前按照法律规定的程序提出的,供选民或者选举人投票时选择的人。直接选举应按选区提名产生代表候选人;间接选举应按选举单位产生代表候选人。

直接选举中,选举乡级人民代表大会代表时,乡级的政党和人

民团体可以推荐代表候选人；选举县级人民代表大会代表时，县级和乡级的政党和人民团体可以推荐代表候选人；同时，选区内的政党和人民团体可以推荐代表候选人。间接选举中，中央和省级的政党和人民团体可以推荐全国人民代表大会代表的候选人。省、自治区、直辖市和设区的市、自治州以及县一级的政党和人民团体可以推荐省、自治区、直辖市和设区的市、自治州的人民代表大会代表候选人。选民或代表10人以上联名提出的候选人，与各政党、各人民团体推荐的候选人具有同等的法律地位。推荐者，无论是政党、人民团体，还是选民、代表，应向选举委员会或者大会主席团介绍代表候选人的情况，如候选人的个人经历、工作表现及议政能力等。

对于提名推荐代表候选人是按应选人数提，还是按差额数提，2010年修改《选举法》前，法律没有作出明确规定。为了明确表达出提名人希望由谁当选的意愿，2010年修改后的《选举法》规定提名推荐代表候选人按应选人数提出，即提名推荐代表候选人不超过应选代表名额。

**关联法规**

《全国人民代表大会常务委员会关于县级以下人民代表大会代表直接选举的若干规定》第10条

**第三十一条　【代表候选人名额的确定】**全国和地方各级人民代表大会代表实行差额选举，代表候选人的人数应多于应选代表的名额。

由选民直接选举人民代表大会代表的，代表候选人的人数应多于应选代表名额三分之一至一倍；由县级以上的地方各级人民代表大会选举上一级人民代表大会代表的，代表候选人的人数应多于应选代表名额五分之一至二分之一。

**条文注释**

本条是对选举人大代表候选人时差额数的规定。

为了更好地保证选民按照自己的意志选择代表，全国和地方各级人大代表候选人的选举实行差额选举。否则,选举结果无效。我国实行的差额选举并不是无限制的,而是规定了一定的幅度。规定差额幅度时,一方面要考虑让选民有较为充分的选择余地,另一方面也不能使差额幅度过大,从而避免因候选人太多、选票过于分散而导致选举难以成功的情形。

由于我国实行直接选举和间接选举两种选举方式,根据这两种选举方式的不同特点,差额幅度也有所不同。直接选举中,每一选区一般只能选出1~3名代表,选出的代表数额不多,如果差额比例太低,选民选举代表候选人的余地就会受到限制,不利于充分发扬民主。间接选举是以一级人民代表大会为单位进行的,应选的代表名额比较多,即使差额比例低一些,也可以保证有一定数量的差额人数,使代表投票时有充分选择的余地,同时还可以避免因票数过于分散而导致不必要的重新选举和另行选举。

**第三十二条 【正式代表候选人的确定】**由选民直接选举人民代表大会代表的,代表候选人由各选区选民和各政党、各人民团体提名推荐。选举委员会汇总后,将代表候选人名单及代表候选人的基本情况在选举日的十五日以前公布,并交各该选区的选民小组讨论、协商,确定正式代表候选人名单。如果所提代表候选人的人数超过本法第三十一条规定的最高差额比例,由选举委员会交各该选区的选民小组讨论、协商,根据较多数选民的意见,确定正式代表候选人名单;对正式代表候选人不能形成较为一致意见的,进行预选,根据预选时得票多少的顺序,确定正式代表候选人名单。正式代表候选人名单及代表候选人的基本情况应当在选举日的七日以前公布。

县级以上的地方各级人民代表大会在选举上一级人民代表大会代表时,提名、酝酿代表候选人的时间不得少于两天。各该级人民代表大会主席团将依法提出的代表候选人名单及代表候选人的基本情况印发全体代表,由全体代表酝酿、讨论。

如果所提代表候选人的人数符合本法第三十一条规定的差额比例,直接进行投票选举。如果所提代表候选人的人数超过本法第三十一条规定的最高差额比例,进行预选,根据预选时得票多少的顺序,按照本级人民代表大会的选举办法根据本法确定的具体差额比例,确定正式代表候选人名单,进行投票选举。

**条文注释**

本条是对正式代表候选人的确定及公布的规定。

确定代表候选人分为直接选举和间接选举两种情况。

直接选举中正式代表候选人的确定和公布包括三个环节:一是公布初步的代表候选人名单,便于选民了解情况和讨论。二是正式代表人的确定,包括:(1)经过讨论协商直接确定;(2)如果初步代表候选人人数超过应选名额的1倍,需要由选举委员会交各该选区的选民小组讨论、协商,根据较多数选民的意见确定正式名单;(3)所提代表候选人人数超过《选举法》规定的最高差额比例,经讨论、协商仍对正式候选人不能形成较为一致意见的,进行预选,根据预选时得票多少的顺序,确定正式代表候选人名单。三是正式代表候选人名单的公布。正式代表候选人名单应当在选举日的7日以前公布。

间接选举的代表候选人由各政党、各人民团体和代表联名提出。与直接选举不同的是,间接选举中确定正式代表候选人的程序是在召开代表大会过程中完成的。此外,2010年修改后的《选举法》将正式代表候选人名单公布的时间,由选举日的5日以前改为7日以前,以便选民有充裕的时间了解代表候选人。

**第三十三条　【间接选举的代表候选人范围】**县级以上的地方各级人民代表大会在选举上一级人民代表大会代表时,代表候选人不限于各该级人民代表大会的代表。

**条文注释**

本条是对间接选举中的代表候选人范围的规定。

规定本条的原因在于：一方面，如果法律规定采取间接选举产生的人大代表仅限于各该级人大代表，就会限制人大代表的广泛性。另一方面，各级人民代表大会是各该级行政区域内的国家权力机关，各级人大代表代表人民行使权力，审议、决定该行政区域内的重大问题，人大代表应具有相应的能力，也需要有履行代表职务的时间。若一人同时兼任若干级人大代表职务，其精力和时间都难以保证。

**第三十四条 【对代表候选人的介绍】**选举委员会或者人民代表大会主席团应当向选民或者代表介绍代表候选人的情况。推荐代表候选人的政党、人民团体和选民、代表可以在选民小组或者代表小组会议上介绍所推荐的代表候选人的情况。选举委员会根据选民的要求，应当组织代表候选人与选民见面，由代表候选人介绍本人的情况，回答选民的问题。但是，在选举日必须停止代表候选人的介绍。

**条文注释**

本条是对代表候选人具体如何介绍的规定。

介绍代表候选人有三种渠道：(1)推荐者介绍候选人。一是推荐时向选举委员会或大会主席团介绍代表候选人的情况，介绍的主要目的是让选举委员会或者大会主席团了解候选人的基本情况；二是在所提候选人列入初步候选人名单后，在选民小组或代表小组会议上介绍所推荐的代表候选人的情况，以便选民小组或代表小组酝酿、讨论，最终确定正式代表候选人名单。(2)选举委员会或大会主席团向选民或代表介绍代表候选人的情况。(3)代表候选人与选民见面，回答选民的问题。

2010年修改《选举法》时，为加大代表候选人与选民见面力度，将有关代表候选人与选民见面的规定进行了修改。第一，增加了组织见面的条件。条文修改前，是否组织见面，由选举委员会掌握。新修改的条文规定，“根据选民的要求”，选举委员会必须组织见面。

第二，细化了见面的内容。代表候选人在与选民见面时，除了回答选民提出的问题外，还应当主动向选民介绍本人的情况。“本人的情况”以让选民更多地了解自己为原则，可以包括工作情况、文化程度、工作能力以及当选后的打算等。

**第三十五条　【禁止接受境外资助】**公民参加各级人民代表大会代表的选举，不得直接或者间接接受境外机构、组织、个人提供的与选举有关的任何形式的资助。

违反前款规定的，不列入代表候选人名单；已经列入代表候选人名单的，从名单中除名；已经当选的，其当选无效。

**条文注释**

本条是对公民参加代表选举不得接受境外资助的规定。

本条是在2015年修改《选举法》时增加的条文。目的是把好代表“入口关”，加强代表资格审查工作，加强对选举全过程的监督。

# 第九章　选举程序

**第三十六条　【选举不受干预】**全国人民代表大会和地方各级人民代表大会代表的选举，应当严格依照法定程序进行，并接受监督。任何组织或者个人都不得以任何方式干预选民或者代表自由行使选举权。

**第三十七条　【领取选票】**在选民直接选举人民代表大会的代表时，选民根据选举委员会的规定，凭身份证或者选民证领取选票。

**条文注释**

本条是关于直接选举中领取选票的规定。

直接选举中，由于选民人数多，投票时间长，通常在选举日的工作时间内都是可以投票的,因此不可能一次性发放选票。为了保证选票有条不紊地发放,防止错发、漏发、重发,选举委员会根据当地的具体情况决定选民凭身份证或者选民证领取选票并做好登记核实工作,保证准确无误。选民如果在选举期间外出,经选举委员会同意,可以书面委托其他选民代为投票,但无书面委托的不发给选票。

**第三十八条 【投票场所】**选举委员会应当根据各选区选民分布状况,按照方便选民投票的原则设立投票站,进行选举。选民居住比较集中的,可以召开选举大会,进行选举;因患有疾病等原因行动不便或者居住分散并且交通不便的选民,可以在流动票箱投票。

**条文注释**

本条是关于直接选举中投票场所的规定。

选民投票的场所有三种:投票站、选举大会现场和流动票箱,其中主要是投票站。

流动票箱是1995年修改《选举法》时增加的投票形式,2010年修改《选举法》时,对此进一步作了细化规定,将流动票箱限于特殊情况下的安排。设立流动票箱时应注意:(1)流动票箱只能作为选民投票的一种辅助形式。流动票箱只能向因患有疾病等原因不能到投票站投票或参加选举大会投票的人员开放,或者在选民居住分散并且交通不便的地方设立。(2)流动票箱应当由2名以上专人负责,并设有监票人。事前必须由监票人在选举大会或者投票站验箱,加封上锁。注意尊重选民民主权利,选举工作人员不能围观选民填写选票,以保证选民不受外界干扰。投票也要由选民亲自进行,工作人员一般不能代写、代投。(3)流动票箱的选票要和投票站、选举大会的选票一起在监票人、计票人以及有关人员在场的情况下,同时开箱,一并计票。(4)对于在选举日不能到选举大会或者投票站参加投票,需要选举委员会派工作人员带流动票箱登门而投票的人员,其家属或者亲友应事先告知选举委员会,选举委员会应作出相应安排。

**第三十九条　【主席团主持选举】**县级以上的地方各级人民代表大会在选举上一级人民代表大会代表时，由各该级人民代表大会主席团主持。

**条文注释**

本条是对间接选举的主持机关的规定。

选举人大代表是人民代表大会的一项议程。县级以上的地方各级人民代表大会选举上一级人民代表大会代表，都是在各级人民代表大会上进行的。人民代表大会举行会议的时候要选举主席团主持大会，因此人大代表选举的主持只能也应当由主席团负责。

**第四十条　【无记名投票和委托代写选票】**全国和地方各级人民代表大会代表的选举，一律采用无记名投票的方法。选举时应当设有秘密写票处。

选民如果是文盲或者因残疾不能写选票的，可以委托他信任的人代写。

**条文注释**

本条是对选举人大代表时的无记名投票方法和委托代写选票的规定。

无记名投票也叫秘密投票，是指投票人在投票时，在选票上不注明自己的姓名，由自己亲自填写，而且可以在秘密写票处填写选票，并由自己亲自投进票箱的一种投票方法。因此，要根据需要设立秘密写票处，选民填写选票时，任何组织和个人都无权干涉，避免出现选举工作人员干扰选民写票的行为，如观看选民写票，对选民填写选票作出暗示，指点选民投某位候选人的票，代写选票时不尊重或者违反选民意见等。

为了使不能填写选票的选民也能行使选举权，根据本法规定，委托他人代写选票必须具备两个条件：一是委托人不具备填写选票的条件,如委托人是文盲或者是其他不能书写的人;二是接受委托的人必须是委托人所信任的人,委托人可以委托自己的亲属、朋友、同事和任何自己信任的人代自己书写选票。

**第四十一条 【选民意志自由】**选举人对于代表候选人可以投赞成票,可以投反对票,可以另选其他任何选民,也可以弃权。

**第四十二条 【委托投票】**选民如果在选举期间外出,经选举委员会同意,可以书面委托其他选民代为投票。每一选民接受的委托不得超过三人,并应当按照委托人的意愿代为投票。

**条文注释**

本条是对委托投票的规定。

如果因客观情况不能亲自参加选举,可以委托他人代为投票,以作为一种补救性措施。《选举法》于2010年修改时,为了规范委托投票,保证选举的真实性,规定被委托人应当按照委托人的意愿代为投票,而不能按照自己的意愿代为投票。

委托投票应符合以下五个条件:第一,委托投票的原因是选民在选举日期间外出不能亲自参加选举,其他原因除外。如选民因患有疾病行动不便,或者居住分散交通不便,可以在流动票箱投票。第二,委托必须以书面的方式。委托人必须书写委托书,写明委托何人代为投票,被委托人凭委托人的委托书代其投票,如果仅凭口头委托,则委托无效。第三,被委托人必须是选民,即必须是经过选民登记,确认具有选举权和被选举权的中国公民。如果委托没有选民资格的人代为投票,则委托无效。第四,每一选民接受的委托不得超过3人,否则无效。第五,委托他人代为投票,必须经选举委员会同意。

**关联法规**

《全国人民代表大会常务委员会关于县级以下人民代表大会代表直接选举的若干规定》第9条

**第四十三条 【监票、计票】**投票结束后，由选民或者代表推选的监票、计票人员和选举委员会或者人民代表大会主席团的人员将投票人数和票数加以核对，作出记录，并由监票人签字。

代表候选人的近亲属不得担任监票人、计票人。

**条文注释**

本条是对监票、计票的规定。

在直接选举中，一般由各选民小组推选他们信任的人员为监票和计票人员。在间接选举中，由各代表团推选若干名监票人和计票人，一般主席团在监票人中指定1~2名总监票人，大会秘书处在工作人员中指定计票工作人员参加核算选票工作。总监票人和监票人在主席团领导下，对发票、投票、计票工作进行监督。

为保证计票的公正性，《选举法》于2010年修改时增加了对选举工作中监票人、计票人实行回避的内容。本条的“近亲属”，根据有关法律的规定，是指夫、妻、父、母、子、女、同胞兄弟姊妹。[①] 近亲属在家庭生活中表现为相互扶养的权利和义务；在一般的事情上表现为比他人更为密切的合作与支持；在工作上，往往表现为互相提携、互相支持。所以，在推选监票人、计票人时，对有近亲属关系的人应作出一定的限制，力求克服或者防止计票工作中出现任人唯亲、相互利用甚至徇私舞弊的弊端。另外，按照法律规定的精神，亲属关系中的祖父母、外祖父母，孙子女、外孙子女，不同辈的叔、伯、姑、舅、姨与侄(女)、甥(女)，以及有姻亲关系的人，也不宜担任监票人、计票人。

**关联法规**

《刑事诉讼法》第108条

---

① 许安标：《县乡直接选举制度》，载中国人大网：http://www.npc.gov.cn/zgrdw/npc/xinwen/rdlt/rdjs/2011-11/03/content_1678972.htm，2021年2月17日最后访问。

**第四十四条 【选举的有效】**每次选举所投的票数，多于投票人数的无效，等于或者少于投票人数的有效。

每一选票所选的人数，多于规定应选代表人数的作废，等于或者少于规定应选代表人数的有效。

**条文注释**

本条是关于选举结果是否有效的规定。

选举投票结束后，应由选民或代表推选出来的监票人、计票人及选举委员会、人民代表大会主席团的工作人员，及时将投票人数和选票数清点核对，准确地计算候选人和另选人的得票数，作出正式笔录，并由监票人、计票人签字，这是确定选举是否有效的依据。

核算选票需要注意以下几个问题：(1)查验发出的选票总数和开箱取出的选票总数，如果开箱取出的选票多于发出选票的总数，则应宣布本次选举无效。(2)确定选票上所列正式候选人和另选人的得票数，对于每张选票也需要确定有效票和废票。(3)在逐个统计候选人和另选人的票数时，作为一次投票选举，个人得票最高的不得超过收回选票的总数，所有候选人和另选人的得票数总和也不应超过收回选票的总数乘以应选人数的积；如出现上述超过的现象，则应重新核对计票。

**第四十五条 【当选的条件】**在选民直接选举人民代表大会代表时，选区全体选民的过半数参加投票，选举有效。代表候选人获得参加投票的选民过半数的选票时，始得当选。

县级以上的地方各级人民代表大会在选举上一级人民代表大会代表时，代表候选人获得全体代表过半数的选票时，始得当选。

获得过半数选票的代表候选人的人数超过应选代表名额时，以得票多的当选。如遇票数相等不能确定当选人时，应当就票数相等的候选人再次投票，以得票多的当选。

获得过半数选票的当选代表的人数少于应选代表的名额时，不足的名额另行选举。另行选举时，根据在第一次投票时得票多少的顺序，按照本法第三十一条规定的差额比例，确定候选人名单。如果只选一人，候选人应为二人。

依照前款规定另行选举县级和乡级的人民代表大会代表时，代表候选人以得票多的当选，但是得票数不得少于选票的三分之一；县级以上的地方各级人民代表大会在另行选举上一级人民代表大会代表时，代表候选人获得全体代表过半数的选票，始得当选。

**条文注释**

本条是对如何确定代表候选人当选的规定。

本法对直接选举与间接选举中代表候选人当选的要求不同。本条除了对代表候选人当选所应得的票数作出规定外，还规定了在投票过程中可能发生的几种情况及其处理程序。再选，即再次投票选举，是指在选举中候选人如果获得与会选民或全体代表过半数选票，但又因票数相等而不能确定当选人时，就票数相等的候选人所进行的再次投票，以决定最终的当选者。

本条第4、5款规定的另行选举，即另选，是指在选举中获得过半数选票的当选代表的人数少于应选代表的名额时，就不足的名额而进行的另行选举。另行选举时，应根据在第一次投票时得票多少的顺序，按照法定的差额比例，确定候选人名单，即直接选举的差额幅度为多于应选代表名额1/3至1倍，间接选举的差额幅度为多于应选代表名额1/5至1/2。如果只选1人，候选人应为2人。

再选和另选的区别在于：再选，是在已获得了与会选民或全体代表过半数选票，但因得票数相等而不能确定当选人的情况下，进行的再次投票；另选，是一次选举的结果有不足名额，就不足名额进行另行投票选举。此外，再选对得票数没有限制，得票多的当选；而另选对得票数则有一定的要求。

**第四十六条　【选举结果的宣布】**选举结果由选举委员会或者人民代表大会主席团根据本法确定是否有效,并予以宣布。

当选代表名单由选举委员会或者人民代表大会主席团予以公布。

**第四十七条　【代表资格审查】**代表资格审查委员会依法对当选代表是否符合宪法、法律规定的代表的基本条件,选举是否符合法律规定的程序,以及是否存在破坏选举和其他当选无效的违法行为进行审查,提出代表当选是否有效的意见,向本级人民代表大会常务委员会或者乡、民族乡、镇的人民代表大会主席团报告。

县级以上的各级人民代表大会常务委员会或者乡、民族乡、镇的人民代表大会主席团根据代表资格审查委员会提出的报告,确认代表的资格或者确定代表的当选无效,在每届人民代表大会第一次会议前公布代表名单。

**关联法规**

《地方各级人民代表大会和地方各级人民政府组织法》第32、50、51条

《全国人民代表大会和地方各级人民代表大会代表法》第48、50条

**第四十八条　【任职地域限制】**公民不得同时担任两个以上无隶属关系的行政区域的人民代表大会代表。

**条文注释**

本条是对人民代表大会代表在任职上的地域限制。

《选举法》于2010年修改时增加此规定,主要原因是,同时担任两个以上无隶属关系的行政区域的人民代表大会代表,有以下弊端:第一,违反了选举权平等的原则。《选举法》第5条规定:“每一

选民在一次选举中只有一个投票权。”第57条第2款规定：“地方各级人民代表大会代表在任期内调离或者迁出本行政区域的，其代表资格自行终止，缺额另行补选。”每一选民在同一次选举中只有一个投票权，且每票的价值相等；在相同的选举中，每一公民只能有一个被选举权。第二，不利于切实代表选区选民或者选举单位的利益。若一人兼任两个以上无隶属关系的行政区域的人民代表大会代表，当两地的利益发生冲突时，代表所代表的两地利益将会发生碰撞，不利于切实代表选区选民的利益和意志。第三，担任两地代表无法保证代表依法履职。人民代表大会是国家权力机关，审议、决定重大问题，任务繁重，身兼两地代表，精力和时间难以保障，不利于代表切实履行职责。

# 第十章　对代表的监督和罢免、辞职、补选

**第四十九条　【对人大代表的监督和罢免】**全国和地方各级人民代表大会的代表，受选民和原选举单位的监督。选民或者选举单位都有权罢免自己选出的代表。

**条文注释**

本条是关于代表监督和罢免的总括式规定。

我国的选举制度中，选举权和监督权是不可分割的整体，监督权是选举权的延伸，是对选举权的保护。选民和选举单位监督代表的内容包括：(1)是否遵守《宪法》和法律；(2)是否在自己参加的生产、工作和社会活动中，协助《宪法》和法律的实施；(3)是否认真听取和反映人民的意见和要求，为人民服务；(4)是否重视履行代表职责，认真负责地行使代表权力。选民和选举单位监督代表的形式有很多，如听取代表的工作汇报，提出批评、意见和建议等。

监督代表的主体是选民或选举单位。直接选举产生的代表由原选区选民监督，间接选举的代表由选举他(她)的人民代表大会监

督，在人民代表大会闭幕期间，由该人大常委会监督。中国人民解放军出席地方各级人民代表大会和全国人民代表大会的代表由军人代表大会或者军人大会选举产生，受其监督和依法罢免。

**关联法规**

《宪法》第77、102条

《全国人民代表大会和地方各级人民代表大会代表法》第6、47条

《地方各级人民代表大会和地方各级人民政府组织法》第38条

《中国人民解放军选举全国人民代表大会和县级以上地方各级人民代表大会代表的办法》第32条

**第五十条 【罢免要求的提出和表决】**对于县级的人民代表大会代表，原选区选民五十人以上联名，对于乡级的人民代表大会代表，原选区选民三十人以上联名，可以向县级的人民代表大会常务委员会书面提出罢免要求。

罢免要求应当写明罢免理由。被提出罢免的代表有权在选民会议上提出申辩意见，也可以书面提出申辩意见。

县级的人民代表大会常务委员会应当将罢免要求和被提出罢免的代表的书面申辩意见印发原选区选民。

表决罢免要求，由县级的人民代表大会常务委员会派有关负责人员主持。

**第五十一条 【罢免案的提出和表决】**县级以上的地方各级人民代表大会举行会议的时候，主席团或者十分之一以上代表联名，可以提出对由该级人民代表大会选出的上一级人民代表大会代表的罢免案。在人民代表大会闭会期间，县级以上的地方各级人民代表大会常务委员会主任会议或者常务委员会五分之一以上组成人员联名，可以向常务委员会提出对由该级人民代表大会选出的上一级人民代表大会代表的罢免案。罢免案应当写明罢免理由。

县级以上的地方各级人民代表大会举行会议的时候，被提出罢免的代表有权在主席团会议和大会全体会议上提出申辩意见，或者书面提出申辩意见，由主席团印发会议。罢免案经会议审议后，由主席团提请全体会议表决。

县级以上的地方各级人民代表大会常务委员会举行会议的时候，被提出罢免的代表有权在主任会议和常务委员会全体会议上提出申辩意见，或者书面提出申辩意见，由主任会议印发会议。罢免案经会议审议后，由主任会议提请全体会议表决。

**条文注释**

本法第50、51条分别是关于罢免直接选举和间接选举产生的代表的规定。

罢免要求，是选民在代表任期届满以前，要求解除自己选出的代表的动议。它和推荐代表候选人不同，是对已经过半数当选的代表的一项重要举动，要求严肃、慎重。而罢免理由一般来说分为三种：一是代表违法犯罪；二是代表道德和纪律方面有过错；三是代表工作不称职。

提出罢免直接选举和间接选举的代表，在程序上有共同之处，表现在：(1)应当联名提出，个人单独不能提出；(2)应当书面提出，不能口头提出；(3)应当写明罢免理由，被提出罢免的代表有权口头或者书面申辩。

不同之处在于：(1)提出罢免案件的主体不同。后者是由县级以上地方各级人大主席团或者代表联名提出；前者由原选区选民联名提出。(2)联名人数的要求不同。后者要求全体代表1/10以上联名才能提出，联名人数是一个相对数；前者要求罢免乡级人大代表需30人以上联名，罢免县级人大代表需50人以上联名，联名人数是一个绝对数。(3)提请表决的主体不同。后者由大会主席团或者主任会议提请表决；前者由谁提请表决，法律没有明确规定——因为是县级人大常委会主持罢免，所以可以认为是县级人大常委会将罢免要求提请选民表决。

**关联法规**

《中国人民解放军选举全国人民代表大会和县级以上地方各级人民代表大会代表的办法》第33~36条

**第五十二条 【罢免的无记名表决】**罢免代表采用无记名的表决方式。

**第五十三条 【罢免决议的通过】**罢免县级和乡级的人民代表大会代表，须经原选区过半数的选民通过。

罢免由县级以上的地方各级人民代表大会选出的代表，须经各该级人民代表大会过半数的代表通过；在代表大会闭会期间，须经常务委员会组成人员的过半数通过。罢免的决议，须报送上一级人民代表大会常务委员会备案、公告。

**条文注释**

本条是关于罢免决议通过条件的规定。

“原选区过半数的选民”，是指原选区全体选民的过半数，还是指原选区参加投票的选民的过半数？这需要联系本条上下款来理解。第2款中也有类似规定，如“过半数的代表”“常务委员会组成人员的过半数”。《地方各级人民代表大会和地方各级人民政府组织法》第20条规定：“地方各级人民代表大会进行选举和通过决议，以全体代表的过半数通过。”第45条第2款规定：“常务委员会的决议，由常务委员会以全体组成人员的过半数通过。”显然，本条中的“过半数的代表”是指过全体代表的半数，“常务委员会组成人员”是指常务委员会全体组成人员。同样，“原选区过半数的选民”是指过原选区全体选民的半数，而不是指过参加投票的选民的半数。这与选举时的要求有所不同。

对间接选举产生的代表的罢免案通过后，要立即将罢免决议报送上一级人大常委会，以便及时解除该代表因担任代表职务享有的各项权利，重新确定本级人大的实有人数及会议有效的法定人数、半数要求等。同样,对直接选举产生的代表罢免后,也要立即将罢免决议通知县级人大常委会或乡级人大主席。

**关联法规**

《地方各级人民代表大会和地方各级人民政府组织法》第20、45条

**第五十四条　【罢免后相关职务的撤销】**县级以上的各级人民代表大会常务委员会组成人员,县级以上的各级人民代表大会专门委员会成员的代表职务被罢免的,其常务委员会组成人员或者专门委员会成员的职务相应撤销,由主席团或者常务委员会予以公告。

乡、民族乡、镇的人民代表大会主席、副主席的代表职务被罢免的,其主席、副主席的职务相应撤销,由主席团予以公告。

**关联法规**

《全国人民代表大会和地方各级人民代表大会代表法》第49、50条

**第五十五条　【辞职】**全国人民代表大会代表,省、自治区、直辖市、设区的市、自治州的人民代表大会代表,可以向选举他的人民代表大会的常务委员会书面提出辞职。常务委员会接受辞职,须经常务委员会组成人员的过半数通过。接受辞职的决议,须报送上一级人民代表大会常务委员会备案、公告。

县级的人民代表大会代表可以向本级人民代表大会常务委员会书面提出辞职,乡级的人民代表大会代表可以向本级人民代表大会书面提出辞职。县级的人民代表大会常务委员会接受辞职,须经常务委员会组成人员的过半数通过。乡级的人民代表大会接受辞职,须经人民代表大会过半数的代表通过。接受辞职的,应当予以公告。

**条文注释**

本条是关于人民代表大会代表辞职的规定。

关于间接选举产生的代表的辞职,全国人民代表大会代表,省、

自治区、直辖市、设区的市、自治州的人民代表大会代表，都是间接选举产生的，其辞职是向下一级的人民代表大会常务委员会提出。代表向常务委员会提出辞职，可以由常务委员会主任会议将其辞职请求提请常务委员会全体会议表决，决定是否接受其辞职。如果常务委员会全体会议过半数通过决定接受其辞职，则接受辞职的决议，须报送上一级人民代表大会常务委员会备案、公告。

法律对代表辞职程序的不同规定是基于代表产生的不同方式。全国人大代表，省、自治区、直辖市、设区的市、自治州的人大代表，是由下一级人大选举产生的，所以他们应当向原选举单位提出辞职。县、乡两级人大代表，都是由选民直接选举产生的，理论上他们应当向原选区选民提出辞职，但组织原选区选民召开会议接受辞职不便操作，因而，法律规定县级的人大代表向本级人大常委会书面提出辞职，乡级的人大代表向本级人大书面提出辞职。

人大代表辞职的制度，可以促进代表结构的合理性，保证代表工作的连续性，促进代表工作的深入开展。关于代表辞职需要注意：一是代表自愿提出，这一点与代表资格被终止的情形不同；二是书面提出。

直接选举产生的代表的辞职是2010年修改《选举法》时增加的规定。因乡级人民代表大会不设常务委员会，而且其人数较少，代表住得比较近，故可以由乡级人民代表大会主席召集乡级人民代表大会代表，召开代表大会，进行讨论表决。

**关联法规**

《全国人民代表大会和地方各级人民代表大会代表法》第49条

**第五十六条　【辞职后职务的终止】**县级以上的各级人民代表大会常务委员会组成人员，县级以上的各级人民代表大会的专门委员会成员，辞去代表职务的请求被接受的，其常务委员会组成人员、专门委员会成员的职务相应终止，由常务委员会予以公告。

乡、民族乡、镇的人民代表大会主席、副主席，辞去代表职务的请求被接受的，其主席、副主席的职务相应终止，由主席团予以公告。

**第五十七条 【补选】**代表在任期内，因故出缺，由原选区或者原选举单位补选。

地方各级人民代表大会代表在任期内调离或者迁出本行政区域的，其代表资格自行终止，缺额另行补选。

县级以上的地方各级人民代表大会闭会期间，可以由本级人民代表大会常务委员会补选上一级人民代表大会代表。

补选出缺的代表时，代表候选人的名额可以多于应选代表的名额，也可以同应选代表的名额相等。补选的具体办法，由省、自治区、直辖市的人民代表大会常务委员会规定。

对补选产生的代表，依照本法第四十七条的规定进行代表资格审查。

**条文注释**

本条是关于代表补选的规定。

人民代表大会是一个权力集体，当其中的一些代表出缺时，这个权力集体的完整性就受到了影响，因此需要补选。代表在任期内，因故出缺，由原选区或者原选举单位补选。根据《全国人民代表大会和地方各级人民代表大会代表法》和有关法律的规定，代表出缺有以下几种情况：(1)地方各级人民代表大会代表在任期内迁出或者调离本行政区域的；(2)辞职被接受的；(3)未经批准两次不出席本级人民代表大会会议的；(4)被罢免的；(5)丧失中国国籍的；(6)依法被剥夺政治权利的；(7)丧失行为能力的。

补选出缺代表的具体办法，由省级人大常委会规定。从各地颁布的选举实施细则来看，补选的程序比较灵活。另外需要指出的是，如果选区或选举单位在换届选举时没有选足应选名额，所余名额不属于出缺,不能按补选程序选举,只能按另行选举程序选举。补选产生的代表要按规定进行代表资格审查。补选代表的任期,到本级人大任期届满为止,不单独计算任期。

**关联法规**

《地方各级人民代表大会和地方各级人民政府组织法》第39、44条

《全国人民代表大会和地方各级人民代表大会代表法》第49条

# 第十一章　对破坏选举的制裁

**第五十八条　【破坏选举行为的法律责任】**为保障选民和代表自由行使选举权和被选举权,对有下列行为之一,破坏选举,违反治安管理规定的,依法给予治安管理处罚;构成犯罪的,依法追究刑事责任:

(一)以金钱或者其他财物贿赂选民或者代表,妨害选民和代表自由行使选举权和被选举权的;

(二)以暴力、威胁、欺骗或者其他非法手段妨害选民和代表自由行使选举权和被选举权的;

(三)伪造选举文件、虚报选举票数或者有其他违法行为的;

(四)对于控告、检举选举中违法行为的人,或者对于提出要求罢免代表的人进行压制、报复的。

国家工作人员有前款所列行为的,还应当由监察机关给予政务处分或者由所在机关、单位给予处分。

以本条第一款所列违法行为当选的,其当选无效。

**条文注释**

本条是关于制裁破坏选举行为的规定。

根据情节轻重,破坏选举行为的制裁形式具体分为处以治安管理处罚和依法追究刑事责任两种。

选举中出现的违法行为,一种是过失违法,属于不学法、不懂法、

不熟悉选举工作，因工作失误造成的选举违法行为，其性质是非故意造成的。例如，由于疏忽大意遗失了选票、选民证，计算错了选票，或者公布选民名单时漏掉了选民等。这样的违法行为一经发现，应立即纠正，并对违法人进行批评教育。情节严重的，可酌情给予通报批评直至纪律处分。只要行为人没有破坏选举的故意，就不能以破坏选举罪论处。

另一种是故意违法，即对选举怀有不良动机，故意违反《选举法》、《地方各级人民代表大会和地方各级人民政府组织法》和选举实施细则的规定，破坏选举或者妨害选民、代表自由行使选举权和被选举权的行为。这类违法的主体既可以是普通公民，也可以是组织、管理选举工作的国家机关工作人员。这种故意违法犯罪的行为具有破坏选举或妨害公民自由行使选举权的目的。

2010年修改后的《选举法》，要求候选人将其本人的基本情况提交到选举委员会和人民代表大会主席团，如果其基本情况被社会发现不符合事实或者与事实情况差别较大，就可能被认定为有“欺骗”行为，也就可能被认定为当选无效。

**关联法规**

《治安管理处罚法》第23条

《刑法》第254、256、280条

**第五十九条　【调查处理】**主持选举的机构发现有破坏选举的行为或者收到对破坏选举行为的举报，应当及时依法调查处理；需要追究法律责任的，及时移送有关机关予以处理。

# 第十二章　附　　则

**第六十条　【实施细则】**省、自治区、直辖市的人民代表大会及其常务委员会根据本法可以制定选举实施细则，报全国人民代表大会常务委员会备案。

**条文注释**

本条是关于授权省、自治区、直辖市人大及其常委会制定实施细则的规定。

在立法体制上，省、自治区、直辖市的人大及其常委会根据本行政区域的实际情况，在不同宪法、法律、行政法规相抵触的前提下，可以制定地方性法规，报全国人大常委会和国务院备案。地方性法规的形式有多种，有条例、决定、规定等，其中最重要的一种是实施细则。

国家立法面向全国，要照顾各地的不同情况，《选举法》也是如此。国家对选举作出原则性规定，而对具体选举的实施，则授权地方制定实施细则，以保证法律的有效贯彻实施，充分调动地方在实施法律方面的主动性和积极性。

**关联法规**

《立法法》第72、98条

# 附　　录

## 中华人民共和国宪法(节录)

(1982年12月4日第五届全国人民代表大会第五次会议通过　1982年12月4日全国人民代表大会公告公布施行　根据1988年4月12日第七届全国人民代表大会第一次会议通过的《中华人民共和国宪法修正案》、1993年3月29日第八届全国人民代表大会第一次会议通过的《中华人民共和国宪法修正案》、1999年3月15日第九届全国人民代表大会第二次会议通过的《中华人民共和国宪法修正案》、2004年3月14日第十届全国人民代表大会第二次会议通过的《中华人民共和国宪法修正案》和2018年3月11日第十三届全国人民代表大会第一次会议通过的《中华人民共和国宪法修正案》修正)

**第三十四条　【参选权】**中华人民共和国年满十八周岁的公民,不分民族、种族、性别、职业、家庭出身、宗教信仰、教育程度、财产状况、居住期限,都有选举权和被选举权;但是依照法律被剥夺政治权利的人除外。

**第四十八条　【妇女的平等权】**中华人民共和国妇女在政治的、经济的、文化的、社会的和家庭的生活等各方面享有同男子平等的权利。

国家保护妇女的权利和利益,实行男女同工同酬,培养和选拔妇女干部。

**第五十条　【华侨、归侨的权益保障】**中华人民共和国保护华侨的正当的权利和利益,保护归侨和侨眷的合法的权利和利益。

**第五十九条　【全国人大的组成及选举】**全国人民代表大会由省、自治区、直辖市、特别行政区和军队选出的代表组成。各少数民族都应当有适当名额的代表。

全国人民代表大会代表的选举由全国人民代表大会常务委员会主持。

全国人民代表大会代表名额和代表产生办法由法律规定。

**第七十七条 【对全国人大代表的监督和罢免】**全国人民代表大会代表受原选举单位的监督。原选举单位有权依照法律规定的程序罢免本单位选出的代表。

**第九十七条 【地方人大代表的选举】**省、直辖市、设区的市的人民代表大会代表由下一级的人民代表大会选举;县、不设区的市、市辖区、乡、民族乡、镇的人民代表大会代表由选民直接选举。

地方各级人民代表大会代表名额和代表产生办法由法律规定。

**第一百零二条 【对地方人大代表的监督和罢免】**省、直辖市、设区的市的人民代表大会代表受原选举单位的监督;县、不设区的市、市辖区、乡、民族乡、镇的人民代表大会代表受选民的监督。

地方各级人民代表大会代表的选举单位和选民有权依照法律规定的程序罢免由他们选出的代表。

**第一百一十三条 【自治地方的人大及其常委会的组成】**自治区、自治州、自治县的人民代表大会中,除实行区域自治的民族的代表外,其他居住在本行政区域内的民族也应当有适当名额的代表。

自治区、自治州、自治县的人民代表大会常务委员会中应当有实行区域自治的民族的公民担任主任或者副主任。

# 中华人民共和国刑法(节录)

(1979年7月1日第五届全国人民代表大会第二次会议通过　1997年3月14日第八届全国人民代表大会第五次会议修订　根据1998年12月29日第九届全国人民代表大会常务委员会第六次会议通过的《关于惩治骗购外汇、逃汇和非法买卖外汇犯罪的决定》、1999年12月25日第九届全国人民代表大会常务委员会第十三次会议通过的《中华人民共和国刑法修正案》、2001年8月31日第九届全国人民代表大会常务委员会第二十三次会议通过的《中华人民共和国刑法修正案(二)》、2001年12月29日第九届全国人民代表大会常务委员会第二十五次会议通过的《中华人民共和国刑法修正案(三)》、2002年12月28日第九届全国人民代表大会常务委员会第三十一次会议通过的《中华人民共和国刑法修正案(四)》、2005年2月28日第十届全国人民代表大会常务委员会第十四次会议通过的《中华人民共和国刑法修正案(五)》、2006年6月29日第十届全国人民代表大会常务委员会第二十二次会议通过的《中华人民共和国刑法修正案(六)》、2009年2月28日第十一届全国人民代表大会常务委员会第七次会议通过的《中华人民共和国刑法修正案(七)》、2009年8月27日第十一届全国人民代表大会常务委员会第十次会议通过的《关于修改部分法律的决定》、2011年2月25日第十一届全国人民代表大会常务委员会第十九次会议通过的《中华人民共和国刑法修正案(八)》、2015年8月29日第十二届全国人民代表大会常务委员会第十六次会议通过的《中华人民共和国刑法修正案(九)》、2017年11月4日第十二届全国人民代表大会常务委员会第三十次会议通过的《中华人民共和国刑法修正案(十)》、2020年12月26日第十三届全国人民代表大会常务委员会第二十四次会议通过的《中华人民共和国刑法修正案(十一)》修正)

**第二百五十四条　【报复陷害罪】**国家机关工作人员滥用职权、假公济私，对控告人、申诉人、批评人、举报人实行报复陷害的，处二年以下有期徒刑或者拘役；情节严重的，处二年以上七年以下有期徒刑。

**第二百五十六条　【破坏选举罪】**在选举各级人民代表大会代表和国家机关领导人员时，以暴力、威胁、欺骗、贿赂、伪造选举文件、虚报选举票数等手段破坏选举或者妨害选民和代表自由行使选举权和被选举权，情节严重的，处三年以下有期徒刑、拘役或者剥夺政治权利。

**第二百八十条　【伪造、变造、买卖国家机关公文、证件、印章罪；盗窃、抢夺、毁灭国家机关公文、证件、印章罪】**伪造、变造、买卖或者盗窃、抢夺、毁灭国家机关的公文、证件、印章的，处三年以下有期徒刑、拘役、管制或者剥夺政治权利，并处罚金；情节严重的，处三年以上十年以下有期徒刑，并处罚金。

**【伪造公司、企业、事业单位、人民团体印章罪】**伪造公司、企业、事业单位、人民团体的印章的，处三年以下有期徒刑、拘役、管制或者剥夺政治权利，并处罚金。

**【伪造、变造、买卖身份证件罪】**伪造、变造、买卖居民身份证、护照、社会保障卡、驾驶证等依法可以用于证明身份的证件的，处三年以下有期徒刑、拘役、管制或者剥夺政治权利，并处罚金；情节严重的，处三年以上七年以下有期徒刑，并处罚金。

# 中华人民共和国
# 全国人民代表大会和地方
# 各级人民代表大会代表法

（1992年4月3日第七届全国人民代表大会第五次会议通过　根据2009年8月27日第十一届全国人民代表大会常务委员会第十次会议《关于修改部分法律的决定》第一次修正　根据2010年10月28日第十一届全国人民代表大会常务委员会第十七次会议《关于修改〈中华人民共和国全国人民代表大会和地方各级人民代表大会代表法〉的决定》第二次修正　根据2015年8月29日第十二届全国人民代表大会常务委员会第十六次会议《关于修改〈中华人民共和国地方各级人民代表大会和地方各级人民政府组织法〉、〈中华人民共和国全国人民代表大会和地方各级人民代表大会选举法〉、〈中华人民共和国全国人民代表大会和地方各级人民代表大会代表法〉的决定》第三次修正）

## 目　　录

## 第一章 总 则

**第一条 【立法目的】**为保证全国人民代表大会和地方各级人民代表大会代表依法行使代表的职权，履行代表的义务，发挥代表作用，根据宪法，制定本法。

**第二条 【人民代表的产生和地位】**全国人民代表大会和地方各级人民代表大会代表依照法律规定选举产生。

全国人民代表大会代表是最高国家权力机关组成人员，地方各级人民代表大会代表是地方各级国家权力机关组成人员。

全国人民代表大会和地方各级人民代表大会代表，代表人民的利益和意志，依照宪法和法律赋予本级人民代表大会的各项职权，参加行使国家权力。

**第三条 【代表的权利】**代表享有下列权利：

（一）出席本级人民代表大会会议，参加审议各项议案、报告和其他议题，发表意见；

（二）依法联名提出议案、质询案、罢免案等；

（三）提出对各方面工作的建议、批评和意见；

（四）参加本级人民代表大会的各项选举；

（五）参加本级人民代表大会的各项表决；

（六）获得依法执行代表职务所需的信息和各项保障；

（七）法律规定的其他权利。

**第四条 【代表的义务】**代表应当履行下列义务：

（一）模范地遵守宪法和法律，保守国家秘密，在自己参加的生产、工作和社会活动中，协助宪法和法律的实施；

（二）按时出席本级人民代表大会会议，认真审议各项议案、报告和其他议题，发表意见，做好会议期间的各项工作；

（三）积极参加统一组织的视察、专题调研、执法检查等履职活动；

（四）加强履职学习和调查研究，不断提高执行代表职务的能力；

（五）与原选区选民或者原选举单位和人民群众保持密切联系，听取和反映他们的意见和要求，努力为人民服务；

（六）自觉遵守社会公德，廉洁自律，公道正派，勤勉尽责；

（七）法律规定的其他义务。

**第五条 【代表职务】**代表依照本法的规定在本级人民代表大会会议期间的工作和在本级人民代表大会闭会期间的活动，都是执行代表职务。

国家和社会为代表执行代表职务提供保障。

代表不脱离各自的生产和工作。代表出席本级人民代表大会会议，参加闭会期间统一组织的履职活动，应当安排好本人的生产和工作，优先执行代表职务。

**第六条 【对代表的监督】**代表受原选区选民或者原选举单位的监督。

## 第二章 代表在本级人民代表大会会议期间的工作

**第七条 【代表须出席会议及会前准备】**代表应当按时出席本级人民代表大会会议。代表因健康等特殊原因不能出席会议的，应当按照规定请假。

代表在出席本级人民代表大会会议前，应当听取人民群众的意见和建议，为会议期间执行代表职务做好准备。

**第八条 【审议议案和报告】**代表参加大会全体会议、代表团全体会议、小组会议，审议列入会议议程的各项议案和报告。

代表可以被推选或者受邀请列席主席团会议、专门委员会会议，发表意见。

代表应当围绕会议议题发表意见，遵守议事规则。

**第九条 【代表的提案权】**代表有权依照法律规定的程序向本级人民代表大会提出属于本级人民代表大会职权范围内的议案。议案应当有案由、案据和方案。

代表依法提出的议案，由本级人民代表大会主席团决定是否列入会议议程，或者先交有关的专门委员会审议、提出是否列入会议议程的意见，再决定是否列入会议议程。

列入会议议程的议案，在交付大会表决前，提出议案的代表要求撤回的，经主席团同意，会议对该项议案的审议即行终止。

**第十条 【全国人大代表的修宪提案权】**全国人民代表大会代表,有权依照宪法规定的程序向全国人民代表大会提出修改宪法的议案。

**第十一条 【代表的选举权】**代表参加本级人民代表大会的各项选举。

全国人民代表大会代表有权对主席团提名的全国人民代表大会常务委员会组成人员的人选,中华人民共和国主席、副主席的人选,中央军事委员会主席的人选,最高人民法院院长和最高人民检察院检察长的人选,全国人民代表大会各专门委员会的人选,提出意见。

县级以上的地方各级人民代表大会代表有权依照法律规定的程序提出本级人民代表大会常务委员会的组成人员,人民政府领导人员,人民法院院长,人民检察院检察长以及上一级人民代表大会代表的人选,并有权对本级人民代表大会主席团和代表依法提出的上述人员的人选提出意见。

乡、民族乡、镇的人民代表大会代表有权依照法律规定的程序提出本级人民代表大会主席、副主席和人民政府领导人员的人选,并有权对本级人民代表大会主席团和代表依法提出的上述人员的人选提出意见。

各级人民代表大会代表有权对本级人民代表大会主席团的人选,提出意见。

代表对确定的候选人,可以投赞成票,可以投反对票,可以另选他人,也可以弃权。

**第十二条 【全国、县级以上人大代表的决定权】**全国人民代表大会代表参加决定国务院组成人员和中央军事委员会副主席、委员的人选。

县级以上的各级人民代表大会代表参加表决通过本级人民代表大会各专门委员会组成人员的人选。

**第十三条 【代表询问权】**代表在审议议案和报告时,可以向本级有关国家机关提出询问。有关国家机关应当派负责人或者负责人员回答询问。

**第十四条 【代表质询权】**全国人民代表大会会议期间,一个代表团或者三十名以上的代表联名,有权书面提出对国务院和国务院各部、各委员会,最高人民法院,最高人民检察院的质询案。

县级以上的地方各级人民代表大会代表有权依照法律规定的程序提出对本级人民政府及其所属各部门,人民法院,人民检察院的质询案。

乡、民族乡、镇的人民代表大会代表有权依照法律规定的程序提出对本级人民政府的质询案。

质询案应当写明质询对象、质询的问题和内容。

质询案按照主席团的决定由受质询机关答复。提出质询案的代表半数以上对答复不满意的,可以要求受质询机关再作答复。

**第十五条 【代表提出罢免案】**全国人民代表大会代表有权依照法律规定的程序提出对全国人民代表大会常务委员会组成人员,中华人民共和国主席、副主席,国务院组成人员,中央军事委员会组成人员,最高人民法院院长,最高人民检察院检察长的罢免案。

县级以上的地方各级人民代表大会代表有权依照法律规定的程序提出对本级人民代表大会常务委员会组成人员,人民政府组成人员,人民法院院长,人民检察院检察长的罢免案。

乡、民族乡、镇的人民代表大会代表有权依照法律规定的程序提出对本级人民代表大会主席、副主席和人民政府领导人员的罢免案。

罢免案应当写明罢免的理由。

**第十六条 【组织调查委员会】**县级以上的各级人民代表大会代表有权依法提议组织关于特定问题的调查委员会。

**第十七条 【代表表决类型】**代表参加本级人民代表大会表决,可以投赞成票,可以投反对票,也可以弃权。

**第十八条 【代表的批评、建议权】**代表有权向本级人民代表大会提出对各方面工作的建议、批评和意见。建议、批评和意见应当明确具体,注重反映实际情况和问题。

## 第三章 代表在本级人民代表大会闭会期间的活动

**第十九条 【闭会期间代表活动的组织机构】**县级以上的各级人民代表大会常务委员会组织本级人民代表大会代表开展闭会期间的活动。

县级以上的地方各级人民代表大会常务委员会受上一级人民代表大会常务委员会的委托,组织本级人民代表大会选举产生的上一级人民代表大会代表开展闭会期间的活动。

乡、民族乡、镇的人民代表大会主席、副主席根据主席团的安排,组织本级人民代表大会代表开展闭会期间的活动。

**第二十条 【闭会期间代表活动的基本形式】**代表在闭会期间的活动以集体活动为主,以代表小组活动为基本形式。代表可以通过多种方式听取、反映原选区选民或者原选举单位的意见和要求。

**第二十一条 【代表小组】**县级以上的各级人民代表大会代表,在本级或者下级人民代表大会常务委员会协助下,可以按照便于组织和开展活动的原则组成代表小组。

县级以上的各级人民代表大会代表,可以参加下级人民代表大会代表的代表小组活动。

**第二十二条 【代表视察】**县级以上的各级人民代表大会代表根据本级人民代表大会常务委员会的安排,对本级或者下级国家机关和有关单位的工作进行视察。乡、民族乡、镇的人民代表大会代表根据本级人民代表大会主席团的安排,对本级人民政府和有关单位的工作进行视察。

代表按前款规定进行视察,可以提出约见本级或者下级有关国家机关负责人。被约见的有关国家机关负责人或者由他委托的负责人员应当听取代表的建议、批评和意见。

代表可以持代表证就地进行视察。县级以上的地方各级人民代表大会常务委员会或者乡、民族乡、镇的人民代表大会主席团根据代表的要求,联系安排本级或者上级的代表持代表证就地进行视察。

代表视察时,可以向被视察单位提出建议、批评和意见,但不直接处理问题。

**第二十三条 【开展专题调研】**代表根据安排,围绕经济社会发展和关系人民群众切身利益、社会普遍关注的重大问题,开展专题调研。

**第二十四条 【报告的转交及反馈】**代表参加视察、专题调研活动形成的报告,由本级人民代表大会常务委员会办事机构或者乡、民族乡、镇的人民代表大会主席团转交有关机关、组织。对报告中提出的意见和建议的研究处理情况应当向代表反馈。

**第二十五条 【临时会议】**代表有权依照法律规定的程序提议临时召集本级人民代表大会会议。

**第二十六条 【代表列席本级会议】**县级以上的各级人民代表大会代表可以应邀列席本级人民代表大会常务委员会会议、本级人民代表大会各专门委员会会议,参加本级人民代表大会常务委员会组织的执法检查和其他活动。乡、民族乡、镇的人民代表大会代表参加本级人民代表大会主席团组织的执法检查和其他活动。

**第二十七条　【代表列席原选举单位的会议】**全国人民代表大会代表,省、自治区、直辖市、自治州、设区的市的人民代表大会代表可以列席原选举单位的人民代表大会会议,并可以应邀列席原选举单位的人民代表大会常务委员会会议。

**第二十八条　【代表参加调查委员会】**县级以上的各级人民代表大会代表根据本级人民代表大会或者本级人民代表大会常务委员会的决定,参加关于特定问题的调查委员会。

**第二十九条　【代表监督本级常委会的工作】**代表在本级人民代表大会闭会期间,有权向本级人民代表大会常务委员会或者乡、民族乡、镇的人民代表大会主席团提出对各方面工作的建议、批评和意见。建议、批评和意见应当明确具体,注重反映实际情况和问题。

**第三十条　【乡级人大代表应反映民意】**乡、民族乡、镇的人民代表大会代表在本级人民代表大会闭会期间,根据统一安排,开展调研等活动;组成代表小组,分工联系选民,反映人民群众的意见和要求。

## 第四章　代表执行职务的保障

**第三十一条　【代表的言论豁免权】**代表在人民代表大会各种会议上的发言和表决,不受法律追究。

**第三十二条　【代表的刑事豁免权】**县级以上的各级人民代表大会代表,非经本级人民代表大会主席团许可,在本级人民代表大会闭会期间,非经本级人民代表大会常务委员会许可,不受逮捕或者刑事审判。如果因为是现行犯被拘留,执行拘留的机关应当立即向该级人民代表大会主席团或者人民代表大会常务委员会报告。

对县级以上的各级人民代表大会代表,如果采取法律规定的其他限制人身自由的措施,应当经该级人民代表大会主席团或者人民代表大会常务委员会许可。

人民代表大会主席团或者常务委员会受理有关机关依照本条规定提请许可的申请，应当审查是否存在对代表在人民代表大会各种会议上的发言和表决进行法律追究，或者对代表提出建议、批评和意见等其他执行职务行为打击报复的情形，并据此作出决定。

乡、民族乡、镇的人民代表大会代表，如果被逮捕、受刑事审判、或者被采取法律规定的其他限制人身自由的措施，执行机关应当立即报告乡、民族乡、镇的人民代表大会。

**第三十三条 【代表的时间保障】**代表在本级人民代表大会闭会期间，参加由本级人民代表大会常务委员会或者乡、民族乡、镇的人民代表大会主席团安排的代表活动，代表所在单位必须给予时间保障。

**第三十四条 【代表的物质保障】**代表按照本法第三十三条的规定执行代表职务，其所在单位按正常出勤对待，享受所在单位的工资和其他待遇。

无固定工资收入的代表执行代表职务，根据实际情况由本级财政给予适当补贴。

**第三十五条 【代表的活动经费】**代表的活动经费，应当列入本级财政预算予以保障，专款专用。

**第三十六条 【常委会与本级代表保持联系】**县级以上的各级人民代表大会常务委员会应当采取多种方式同本级人民代表大会代表保持联系，扩大代表对本级人民代表大会常务委员会活动的参与。

**第三十七条 【常委会为代表提供必要条件】**县级以上的地方各级人民代表大会常务委员会，应当为本行政区域内的代表执行代表职务提供必要的条件。

**第三十八条 【代表的知情权】**县级以上的各级人民代表大会常务委员会，各级人民政府和人民法院、人民检察院，应当及时向本级人民代表大会代表通报工作情况，提供信息资料，保障代表的知情权。

**第三十九条 【履职学习】**县级以上的各级人民代表大会常务委员会应当有计划地组织代表参加履职学习，协助代表全面熟悉人民代表大会制度、掌握履行代表职务所需的法律知识和其他专业知识。

乡、民族乡、镇的人民代表大会代表可以参加上级人民代表大会常务委员会组织的代表履职学习。

**第四十条 【常委会为代表提供服务保障】**县级以上的各级人民代表大

会常务委员会的办事机构和工作机构是代表执行代表职务的集体服务机构，为代表执行代表职务提供服务保障。

**第四十一条 【代表证】**为了便于代表执行代表职务，各级人民代表大会可以为本级人民代表大会代表制发代表证。

**第四十二条 【认真处理代表建议、批评和意见】**有关机关、组织应当认真研究办理代表建议、批评和意见，并自交办之日起三个月内答复。涉及面广、处理难度大的建议、批评和意见，应当自交办之日起六个月内答复。

有关机关、组织在研究办理代表建议、批评和意见的过程中，应当与代表联系沟通，充分听取意见。

代表建议、批评和意见的办理情况，应当向本级人民代表大会常务委员会或者乡、民族乡、镇的人民代表大会主席团报告，并印发下一次人民代表大会会议。代表建议、批评和意见办理情况的报告，应当予以公开。

**第四十三条 【少数民族代表】**少数民族代表执行代表职务时，有关部门应当在语言文字、生活习惯等方面给予必要的帮助和照顾。

**第四十四条 【代表执行职务的保障】**一切组织和个人都必须尊重代表的权利，支持代表执行代表职务。

有义务协助代表执行代表职务而拒绝履行义务的，有关单位应当予以批评教育，直至给予行政处分。

阻碍代表依法执行代表职务的，根据情节，由所在单位或者上级机关给予行政处分，或者适用《中华人民共和国治安管理处罚法》第五十条的处罚规定；以暴力、威胁方法阻碍代表依法执行代表职务的，依照刑法有关规定追究刑事责任。

对代表依法执行代表职务进行打击报复的，由所在单位或者上级机关责令改正或者给予行政处分；国家工作人员进行打击报复构成犯罪的，依照刑法有关规定追究刑事责任。

## 第五章 对代表的监督

**第四十五条 【代表到群众中去】**代表应当采取多种方式经常听取人民群众对代表履职的意见，回答原选区选民或者原选举单位对代表工作和代表活动的询问,接受监督。

由选民直接选举的代表应当以多种方式向原选区选民报告履职情况。县级人民代表大会常务委员会和乡、民族乡、镇的人民代表大会主席团应当定期组织本级人民代表大会代表向原选区选民报告履职情况。

**第四十六条 【代表不得滥用职权】**代表应当正确处理从事个人职业活动与执行代表职务的关系,不得利用执行代表职务干涉具体司法案件或者招标投标等经济活动牟取个人利益。

**第四十七条 【对代表的罢免】**选民或者选举单位有权依法罢免自己选出的代表。被提出罢免的代表有权出席罢免该代表的会议提出申辩意见,或者书面提出申辩意见。

**第四十八条 【暂停执行代表职务】**代表有下列情形之一的,暂时停止执行代表职务,由代表资格审查委员会向本级人民代表大会常务委员会或者乡、民族乡、镇的人民代表大会报告:

(一)因刑事案件被羁押正在受侦查、起诉、审判的;

(二)被依法判处管制、拘役或者有期徒刑而没有附加剥夺政治权利,正在服刑的。

前款所列情形在代表任期内消失后,恢复其执行代表职务,但代表资格终止者除外。

**第四十九条 【终止代表资格】**代表有下列情形之一的,其代表资格终止:

(一)地方各级人民代表大会代表迁出或者调离本行政区域的;

(二)辞职被接受的;

(三)未经批准两次不出席本级人民代表大会会议的;

(四)被罢免的;

(五)丧失中华人民共和国国籍的;

(六)依照法律被剥夺政治权利的;

(七)丧失行为能力的。

**第五十条 【终止代表资格的公告】**县级以上的各级人民代表大会代表资格的终止,由代表资格审查委员会报本级人民代表大会常务委员会,由本级人民代表大会常务委员会予以公告。

乡、民族乡、镇的人民代表大会代表资格的终止,由代表资格审查委员会报本级人民代表大会,由本级人民代表大会予以公告。

## 第六章 附 则

**第五十一条 【实施办法】**省、自治区、直辖市的人民代表大会及其常务委员会可以根据本法和本行政区域的实际情况,制定实施办法。

**第五十二条 【施行日期】**本法自公布之日起施行。

# 中华人民共和国治安管理处罚法（节录）

（2005年8月28日第十届全国人民代表大会常务委员会第十七次会议通过 根据2012年10月26日第十一届全国人民代表大会常务委员会第二十九次会议《关于修改〈中华人民共和国治安管理处罚法〉的决定》修正）

**第二十三条 【扰乱单位、公共场所、公共交通和选举秩序的行为及处罚】**有下列行为之一的，处警告或者二百元以下罚款；情节较重的，处五日以上十日以下拘留，可以并处五百元以下罚款：

（一）扰乱机关、团体、企业、事业单位秩序，致使工作、生产、营业、医疗、教学、科研不能正常进行，尚未造成严重损失的；

（二）扰乱车站、港口、码头、机场、商场、公园、展览馆或者其他公共场所秩序的；

（三）扰乱公共汽车、电车、火车、船舶、航空器或者其他公共交通工具上的秩序的；

（四）非法拦截或者强登、扒乘机动车、船舶、航空器以及其他交通工具，影响交通工具正常行驶的；

（五）破坏依法进行的选举秩序的。

聚众实施前款行为的，对首要分子处十日以上十五日以下拘留，可以并处一千元以下罚款。

# 中华人民共和国<br>地方各级人民代表大会<br>和地方各级人民政府组织法(节录)

(1979年7月1日第五届全国人民代表大会第二次会议通过　根据1982年12月10日第五届全国人民代表大会第五次会议《关于修改〈中华人民共和国地方各级人民代表大会和地方各级人民政府组织法〉的若干规定的决议》第一次修正　根据1986年12月2日第六届全国人民代表大会常务委员会第十八次会议《关于修改〈中华人民共和国地方各级人民代表大会和地方各级人民政府组织法〉的决定》第二次修正　根据1995年2月28日第八届全国人民代表大会常务委员会第十二次会议《关于修改〈中华人民共和国地方各级人民代表大会和地方各级人民政府组织法〉的决定》第三次修正　根据2004年10月27日第十届全国人民代表大会常务委员会第十二次会议《关于修改〈中华人民共和国地方各级人民代表大会和地方各级人民政府组织法〉的决定》第四次修正　根据2015年8月29日第十二届全国人民代表大会常务委员会第十六次会议《关于修改〈中华人民共和国地方各级人民代表大会和地方各级人民政府组织法〉、〈中华人民共和国全国人民代表大会和地方各级人民代表大会选举法〉、〈中华人民共和国全国人民代表大会和地方各级人民代表大会代表法〉的决定》第五次修正)

**第五条　【人民代表的选举】**省、自治区、直辖市、自治州、设区的市的人民代表大会代表由下一级的人民代表大会选举；县、自治县、不设区的市、市辖区、乡、民族乡、镇的人民代表大会代表由选民直接选举。

地方各级人民代表大会代表名额和代表产生办法由选举法规定。各行政区域内的少数民族应当有适当的代表名额。

**第八条 【县级以上人民代表大会的职权】**县级以上的地方各级人民代表大会行使下列职权：

(一)在本行政区域内，保证宪法、法律、行政法规和上级人民代表大会及其常务委员会决议的遵守和执行，保证国家计划和国家预算的执行；

(二)审查和批准本行政区域内的国民经济和社会发展计划、预算以及它们执行情况的报告；

(三)讨论、决定本行政区域内的政治、经济、教育、科学、文化、卫生、环境和资源保护、民政、民族等工作的重大事项；

(四)选举本级人民代表大会常务委员会的组成人员；

(五)选举省长、副省长，自治区主席、副主席，市长、副市长，州长、副州长，县长、副县长，区长、副区长；

(六)选举本级人民法院院长和人民检察院检察长；选出的人民检察院检察长，须报经上一级人民检察院检察长提请该级人民代表大会常务委员会批准；

(七)选举上一级人民代表大会代表；

(八)听取和审查本级人民代表大会常务委员会的工作报告；

(九)听取和审查本级人民政府和人民法院、人民检察院的工作报告；

(十)改变或者撤销本级人民代表大会常务委员会的不适当的决议；

(十一)撤销本级人民政府的不适当的决定和命令；

(十二)保护社会主义的全民所有的财产和劳动群众集体所有的财产，保护公民私人所有的合法财产，维护社会秩序，保障公民的人身权利、民主权利和其他权利；

(十三)保护各种经济组织的合法权益；

(十四)保障少数民族的权利；

(十五)保障宪法和法律赋予妇女的男女平等、同工同酬和婚姻自由等各项权利。

**第二十条 【选举和通过决议的票数条件】**地方各级人民代表大会进行选举和通过决议，以全体代表的过半数通过。

**第三十八条　【对代表的监督和罢免】**省、自治区、直辖市、自治州、设区的市的人民代表大会代表受原选举单位的监督；县、自治县、不设区的市、市辖区、乡、民族乡、镇的人民代表大会代表受选民的监督。

地方各级人民代表大会代表的选举单位和选民有权随时罢免自己选出的代表。代表的罢免必须由原选举单位以全体代表的过半数通过，或者由原选区以选民的过半数通过。

**第四十四条　【常委会的职权】**县级以上的地方各级人民代表大会常务委员会行使下列职权：

（一）在本行政区域内，保证宪法、法律、行政法规和上级人民代表大会及其常务委员会决议的遵守和执行；

（二）领导或者主持本级人民代表大会代表的选举；

（三）召集本级人民代表大会会议；

（四）讨论、决定本行政区域内的政治、经济、教育、科学、文化、卫生、环境和资源保护、民政、民族等工作的重大事项；

（五）根据本级人民政府的建议，决定对本行政区域内的国民经济和社会发展计划、预算的部分变更；

（六）监督本级人民政府、人民法院和人民检察院的工作，联系本级人民代表大会代表，受理人民群众对上述机关和国家工作人员的申诉和意见；

（七）撤销下一级人民代表大会及其常务委员会的不适当的决议；

（八）撤销本级人民政府的不适当的决定和命令；

（九）在本级人民代表大会闭会期间，决定副省长、自治区副主席、副市长、副州长、副县长、副区长的个别任免；在省长、自治区主席、市长、州长、县长、区长和人民法院院长、人民检察院检察长因故不能担任职务的时候，从本级人民政府、人民法院、人民检察院副职领导人员中决定代理的人选；决定代理检察长，须报上一级人民检察院和人民代表大会常务委员会备案；

（十）根据省长、自治区主席、市长、州长、县长、区长的提名，决定本级人民政府秘书长、厅长、局长、委员会主任、科长的任免，报上一级人民政府备案；

（十一）按照人民法院组织法和人民检察院组织法的规定，任免人民法院副院长、庭长、副庭长、审判委员会委员、审判员，任免人民检察院副检察长、检察委员会委员、检察员，批准任免下一级人民检察院检察长；省、自治区、直辖市的人民代表大会常务委员会根据主任会议的提名,决定在省、自治区内按地区设立的和在直辖市内设立的中级人民法院院长的任免,根据省、自治区、直辖市的人民检察院检察长的提名,决定人民检察院分院检察长的任免;

(十二)在本级人民代表大会闭会期间,决定撤销个别副省长、自治区副主席、副市长、副州长、副县长、副区长的职务;决定撤销由它任命的本级人民政府其他组成人员和人民法院副院长、庭长、副庭长、审判委员会委员、审判员,人民检察院副检察长、检察委员会委员、检察员,中级人民法院院长,人民检察院分院检察长的职务;

(十三)在本级人民代表大会闭会期间,补选上一级人民代表大会出缺的代表和罢免个别代表;

(十四)决定授予地方的荣誉称号。

**第四十五条 【常委会的召开和议事规则】**常务委员会会议由主任召集,每两个月至少举行一次。

常务委员会的决议,由常务委员会以全体组成人员的过半数通过。

# 全国人民代表大会常务委员会关于县级以下人民代表大会代表直接选举的若干规定

（1983年3月5日第五届全国人民代表大会常务委员会第二十六次会议通过）

为了便于实施《中华人民共和国全国人民代表大会和地方各级人民代表大会选举法》，对县级以下人民代表大会代表直接选举中的若干问题作如下规定：

一、县、自治县、不设区的市、市辖区、乡、民族乡、镇设立选举委员会。县、自治县、不设区的市、市辖区的选举委员会的组成人员由本级人民代表大会常务委员会任命。乡、民族乡、镇的选举委员会的组成人员由县、自治县、不设区的市、市辖区的人民代表大会常务委员会任命。

选举委员会设立办事机构，办理选举的具体事务。

二、选举委员会的职权是：

（一）主持本级人民代表大会代表的选举；

（二）进行选民登记，审查选民资格，公布选民名单；受理对于选民名单不同意见的申诉，并做出决定；

（三）划分选举本级人民代表大会代表的选区，分配各选区应选代表的名额；

（四）根据较多数选民的意见，确定和公布正式代表候选人的名单；

（五）规定选举日期；

（六）确定选举结果是否有效，公布当选代表名单。

县、自治县、不设区的市、市辖区的选举委员会指导乡、民族乡、镇的选举委员会的工作。

三、精神病患者不能行使选举权利的，经选举委员会确认，不行使选举权利。

四、因反革命案或者其他严重刑事犯罪案被羁押，正在受侦查、起诉、审判的人，经人民检察院或者人民法院决定，在被羁押期间停止行使选举权利。

五、下列人员准予行使选举权利：

（一）被判处有期徒刑、拘役，管制而没有附加剥夺政治权利的；

（二）被羁押，正在受侦查、起诉、审判，人民检察院或者人民法院没有决定停止行使选举权利的；

（三）正在取保候审或者被监视居住的；

（四）正在被劳动教养的；

（五）正在受拘留处罚的。

以上所列人员参加选举，由选举委员会和执行监禁、羁押、拘留或者劳动教养的机关共同决定，可以在流动票箱投票，或者委托有选举权的亲属或者其他选民代为投票。被判处拘役、受拘留处罚或者被劳动教养的人也可以在选举日回原选区参加选举。

六、县、自治县的人民政府驻地在市区内的，其所属机关、团体和企业事业组织的职工，参加县、自治县的人民代表大会代表的选举，不参加市、市辖区的人民代表大会代表的选举。

七、驻在乡、民族乡、镇的不属于县级以下人民政府领导的企业事业组织的职工，可以只参加县级人民代表大会代表的选举，不参加乡、民族乡、镇的人民代表大会代表的选举。

八、选区的大小，按照每一选区选一至三名代表划分。

九、选民在选举期间临时在外地劳动、工作或者居住，不能回原选区参加选举的，经原居住地的选举委员会认可，可以书面委托有选举权的亲属或者其他选民在原选区代为投票。

选民实际上已经迁居外地但是没有转出户口的，在取得原选区选民资格的证明后，可以在现居住地的选区参加选举。

十、每一选民（三人以上附议）推荐的代表候选人的名额，不得超过本选区应选代表的名额。

选民和各政党、各人民团体推荐的代表候选人都应当列入代表候选人名单，选举委员会不得调换或者增减。

正式代表候选人名单，经过预选确定的，按得票多少的顺序排列。